Erika und Jürgen Borchardt

MECKLENBURGS HERZÖGE

Ahnengalerie Schloß Schwerin

DEMMLER VERLAG

Umschlagabbildung:
Christoph Sandig,
Albrecht II., erster Herzog Mecklenburgs

Fotos:
Archiv Staatliches Museum Schwerin (S. 110)
Thomas Helms, Hamburg, (S. 6, 11, 15)
Christoph Sandig, Leipzig, (alle weiteren Fotos)

Für die freundliche Unterstützung und Veröffentlichungsgenehmigung
sei dem Staatlichen Museum Schwerin herzlich gedankt.

Bahnhofstr. 36
O-2764 Schwerin
Telef./Telefax: 4 49 79

Druck: Wullenwever-Druck Lübeck

ISBN 3-910150-07-1

Inhalt

Schweriner Schloß, von der Seeseite, Farblithographie 1869.

Vorwort

Das so märchenhaft anmutende Schloß auf der Schweriner Burginsel war fast ein halbes Jahrtausend Residenz mecklenburgischer Herrscher.
Hier befindet sich auch die Galerie mit den Porträts der Fürsten von Albrecht II. (1318–1379) bis Herzog Ludwig (1725–1778), neben dem prunkvollen Thronsaal ein beliebter Anziehungspunkt der Besucher.
Hinter jedem der hier aufgereihten Gemälde verbirgt sich ein menschliches Schicksal. Dieses aufzuspüren, Wissenswertes aus dem Leben und der Regentschaft der jeweiligen Fürsten und der Landesgeschichte zu vermitteln, haben sich die Autoren vorgenommen. Auf Vollständigkeit mußte allerdings verzichtet werden.
In der Ahnengalerie sind die Porträts jener Herrscher zu sehen, die Herzöge waren, vom ersten, den Kaiser Karl IV. 1348 ernannte, bis zum letzten, der Ende des 18. Jahrhunderts nicht zur Regierung gelangte, aber stammerhaltend wirkte.
Der Besucher und Leser erfährt auch etwas über den Sinn und Zweck der Ahnengalerie und über die Schicksale der Bildnisse. Den Texten über die einzelnen Herzöge sind persönliche Angaben, besondere Leistungen oder Merkmale und landesgeschichtliche sowie weltgeschichtliche Daten vorangestellt. Sie dienen der raschen Orientierung in der Zeit, und sie weisen auf Mecklenburgs Verwobensein mit, aber auch Entrücktsein von der Zeit hin.
Unser kleines Buch möge aber auch beim Rundgang durch die Ahnengalerie des Schweriner Schlosses ein hilfreicher Begleiter sein.

Mehr wahrnehmen, als man sieht

Der Schloßrundgang – man wandelt interessiert durch die Räume und erfreut sich an ihrer prachtvollen und elegant gediegenen Gestaltung. In der Ahnengalerie aber erblickt man zumeist unbekannte Gesichter aus längst vergangener Zeit. Da teilt sich wenig mit. Manchmal amüsiert die Mode der Gestalten auf den Gemälden. Ansonsten aber bleibt ein schöner Gesamteindruck von Harmonie und Ehrwürdigkeit. Er stimmt – und ist doch trügerisch, wie es der Schein eben an sich hat. Er verhüllt mehr, als er zeigt, und der Besucher kommt um den eigentlichen Genuß. Dieses Buch möchte Verborgenes enthüllen. Es will der respektheischenden Ehrwürdigkeit der Personen auf den Bildern die Langweiligkeit und Anonymität nehmen und ihr Trachten und Leben ent-decken, zumindestens andeuten. Es wird keine geschichtliche Belehrung bieten, keine Bettgeschichten erzählen, aber doch Geschichte(n) und schöne Nebensächlichkeiten zu den Bildern berichten, damit man mehr auf ihnen wahrnimmt, als man sieht.

Die Geschichte der Mecklenburger Fürsten ist kein Heldenlied, ihre Akteure sind nicht weltberühmt geworden. Und doch: Diese Herrscher am Rande des Römischen Reiches deutscher Nation begaben sich oft mitten in den Strom europäischer oder auch der Weltgeschichte. Dasein und Tun des Fürstengeschlechts sind verknüpft mit so manchen großen Gestalten und Ereignissen: Mit der Hanse und ihrer mächtigen Feindin, Margarethe von Dänemark; mit der Reformation und dem Stifter einer neuen Weltkirche, Martin Luther; mit dem Dreißigjährigen Krieg und seinem überragenden Heerführer Wallenstein im 17. Jahrhundert; mit dem französischen Sonnenkönig Ludwig XIV., von dessen Hof aus sein Anbeter, Christian Louis aus Mecklenburg, das Herzogtum regierte; mit dem russischen Zaren Peter dem Großen, der ein Bündnis schloß mit seinem angeheirateten Neffen Karl Leopold aus Mecklenburg; mit Friedrich dem Großen, der 1756 in Europa den Siebenjährigen Krieg anzettelte und Mecklenburg und die Mecklenburger dafür bluten ließ. Hier etwa enden auch die Fürstengemälde in der Schweriner Ahnengalerie.

Ahnengalerie Schloß Schwerin

Der Schweriner Schloßumbau im 19. Jahrhundert

Das Schweriner Schloß hat eine bewegte Geschichte hinter sich. Es steht auf Pfählen einer alten Slawenburg aus dem 10. Jahrhundert. Fürst Niklot, der Stammvater des mecklenburgischen Herrschergeschlechts, ließ sie im 12. Jahrhundert abbrennen, als die Deutschen begannen, das Land östlich der Elbe endgültig zu erobern. Bis zum 14. Jahrhundert residierte auf dieser Insel und seiner Burg das Geschlecht des von Heinrich dem Löwen eingesetzten deutschen Grafen Gunzelin von Hagen. Nach Erwerb der Grafschaft Schwerin im Jahre 1358 durch den ersten Herzog von Mecklenburg wurde die Insel Sitz der Landesherren und blieb es, mit einer Unterbrechung, bis zum Jahre 1918.

Jeder Herrscher ließ daran bauen. Auf den Pfählen der Slawenburg ruhen Kellergewölbe des 15. Jahrhunderts, auf denen Häuser aus dem 16., 17., 18., und 19. Jahrhundert stehen. Zwischen 1843 und 1857 nahm man einen weitgreifenden Um- und Neubau des Schlosses vor. In fast fünfzehnjähriger Bauzeit wurden die erhaltenen Häuser des alten Schlosses restauriert, umgebaut oder abgerissen und durch Neubauten ersetzt. Es entstand ein repräsentatives Residenzschloß, wie man es in Mecklenburg bis dahin nicht findet.

Der Bauherr, Großherzog Friedrich Franz II., zeigte ein klar politisch motiviertes Traditionsbewußtsein. Als Gegengewicht zu den bürgerlichen Bestrebungen seiner Zeit (48er Revolution) legte er großen Wert auf die konzentrierte Darstellung seiner ökonomischen und politischen Macht, durch den Schloßbau insgesamt und besonders im Festetagenbereich durch die Schlössergalerie, den Thronsaal und die Ahnengalerie. Ästhetisch einheitlich realisiert, wurden in der Ahnengalerie die Idealbildnisse aller regierenden und stammerhaltenden Herzöge in lückenloser Folge aneinandergereiht. Alle Porträts sind ausnahmslos mit der damals üblichen Bezeichnung V.G.G., Von Gottes Gnaden, versehen.

Friedrich Franz II. (1823–1883)
Bauherr des Schweriner Schloßum- und Neubaus 1843–1857,
Original von Franz Krüger

Ahnengalerie
Idee und Ausführung

Den Auftrag zu einer Galerie des alten Geschlechts der Herzöge von Mecklenburg (Schwerin) erhielt der bedeutende Gelehrte Friedrich Lisch (1801–1883). [1]) Die Ausführung war eine schwierige Aufgabe, denn es gab zur Zeit des Schloßbaues im 19. Jahrhundert keine zusammenfassende bildliche Darstellung der herzoglichen Vorfahren. Die Anweisung aus dem Jahre 1852 lautete: „Nur wirkliche und durchschnittliche getreue Porträts herbeizuschaffen, soviel derselben in fürstlichem Besitze vorhanden sein möchten, oder sonst in getreuen Copien.“ Es gelte „nicht alleine eine Regentenfolge in Bildern darzustellen, also auch Bilder der nicht zur Regierung gekommenen, aber stammerhaltenden Prinzen, endlich auch die Bilder der fürstlichen Gemahlinnen, sowie Originalporträts vorhanden sein möchten, aufzunehmen.“ Lisch hatte bereits seit 1836 Material zu einem „Fürstensaale“ zusammengetragen. So konnte er schon zwei Monate nach Auftragserteilung eine detaillierte inhaltliche und gestalterische Konzeption für die Gemälde in der zukünftigen Ahnengalerie vorlegen. Dank seiner jahrelangen intensiven Nachforschungen gelangte er an Originalporträts, die größtenteils zu Lebzeiten der jeweiligen Herzöge von Hofmalern geschaffen worden waren; Gemälde, die teilweise vergessen in dunklen Winkeln gelegen oder sogar als Packleinwand Verwendung gefunden hatten. Lisch hatte sie in Schlössern und Kirchen entdeckt, säubern und restaurieren lassen. Doch das war nur ein erster Schritt.

Eines der Hauptziele der innenarchitektonischen Gestaltung waren Harmonie, Symmetrie, dekorative Einheitlichkeit. Diesem Anspruch sollten auch die Gemälde genügen. Nun galt es also, die zu verschiedenen Zeiten geschaffenen Bilder zu einer künstlerisch-ästhetisch einheitlichen Gemäldegalerie zusammenzufügen. Unabhängig von den Intentionen der Maler wurden die Originale und die neu anzufertigenden Gemälde in die jeweils vorgesehenen Flächen eingeordnet und der Innenarchitektur angepaßt. Wo Originale nicht diesen Anforderungen entsprachen, hat man sie passend gemacht oder maßgerechte Kopien hergestellt. Ein Brustbild wurde sogar kopiert und zu einem ganzfigurigen Porträt gestaltet. Mehr als

ein Drittel aller vorliegenden Originale aus den verschiedenen Jahrhunderten wurde somit dem Erfordernis der Ahnengalerie und dem Zeitgeschmack des 19. Jahrhunderts angepaßt.
Die nach 1815 regierenden Großherzöge (durch den Wiener Kongreß von 1815 wurden beide Mecklenburg zu Großherzogtümern ernannt), fanden in der Ahnengalerie keine Berücksichtigung. Für ihre Gemälde war der Thronsaal vorgesehen. Für die malerische Gesamtgestaltung und die Anfertigung der notwendigen Kopien wurde der Hofmaler Theodor Fischer (1817–1873) verpflichtet.[2]) Im Mai 1852 erhielt der damals 35jährige den Auftrag zur Restaurierung und Kopierung der Gemälde. Er konnte dank der umfassenden Vorbereitungen und detaillierten Vorgaben ohne Verzug mit der Arbeit beginnen, die er auch „mit großem Fleiß und Geschick“ ausführte, wie Archivrat Lisch 1857 einschätzte. Neben anderen Arbeiten für das Schloß – er schuf auch die ganzfigurigen Trachtenbilder in der Schlössergalerie und die Engel in den Bogenzwickeln der Schloßkirche – malte Fischer für die Ahnengalerie 12 Kopien von Porträts und restaurierte 14 Gemälde.
Als am 26. Mai 1857 das Schweriner Schloß anläßlich des Geburtstages der ersten Gemahlin Friedrich Franz' II., Auguste von Reuss/ Schleiz-Köstritz, eingeweiht werden konnte, war auch die Ahnengalerie fertiggestellt. Nach Abdankung des Großherzogs Friedrich Franz IV. 1918 wurde das Schloß Staatsbesitz. Man richtete darin das mecklenburgische Landesmuseum ein. Die Gemälde der Ahnengalerie verblieben als Leihgaben der herzoglichen Nachkommen im Museum. 1930 gingen sie in den direkten Besitz des damaligen Landesmuseums über. Von 1943 bis 1974 wurden das Schloß und damit auch die Ahnengalerie aus den unterschiedlichsten Gründen nicht museal bzw. auch zweckentfremdet genutzt. Nach 1974 begannen Restaurierungsarbeiten am und im Schweriner Schloß, so auch in der Ahnengalerie. Der Gemälderestaurator des Museums, Joachim Lehmann (verst.1989), reinigte und restaurierte die Gemälde. Seit 1976 erstrahlt die Ahnengalerie erneut in alter Pracht.

Ahnengalerie
Ein Raum von gediegener Eleganz

Die Ahnengalerie befindet sich in dem Haus über der Schloßküche, das bereits zwischen 1556 und 1570 neu erbaut bzw. restauriert und dreihundert Jahre später wieder in den Umbau einbezogen wurde. Für die Galerie wurden zwei Räume hergerichtet. Sie beherbergen 31 Gemälde von den zwölf Generationen der Herzöge von Mecklenburg bzw. Mecklenburg-Schwerin aus fünf Jahrhunderten.

Die etwa 25 m lange Galerie hat man dabei so angelegt, daß sie als Vorraum zum Thronsaal dienen konnte. Bevor man also zum Landesherrn gelangte, durchschritt man erst die beeindruckend lange Reihe seiner Ahnen.

Die Ahnengalerie ist von gediegener Eleganz. Im Unterschied zum glänzenden Thronsaal mit seinen königlichen Farben präsentiert sie ihre Pracht zurückhaltend, aber ohne sie zu verbergen.

Die warmen Farben, das Gold der Säulen, die goldenen Rahmen der Gemälde, der gelb-braune Intarsienfußboden, die Wandpaneelung aus geflammtem Nußbaumholz, die Farben der Gemälde und die ornamentierte und sparsam vergoldete Stuckdecke – alles zusammen ergibt einen Raum von wohltuender Harmonie zwischen Form und Farbe.

Detail Ahnengalerie Schloß Schwerin

Albrecht II.
Sohn Heinrichs II. des Löwen

Geb.:1318, gest.: 18. Februar 1379, begraben in Doberan, Gemahlinnen: 1. Euphemia, Tochter Erichs, Herzogs von Schweden (gest. vor 1370), 2. Adelheid, Tochter Ulrichs, Grafen von Hohenstein, Söhne: Albrecht III., Magnus I.,

Regierungszeit: 1329 (mündig seit 1336) – 1379

Erster Herzog von Mecklenburg. 1348 zusammen mit seinem Bruder Johann von Kaiser Karl IV. zum reichsunmittelbaren Fürsten erhoben. 1358 Erwerb der Grafschaft Schwerin; die Stadt wird unter Albrecht II. Residenz. 1370 Rostock aus dänischer Lehnshoheit erworben. Beteiligt am Sieg der Hanse über Dänemark. Erster erfolgreicher Versuch zur Schaffung der territorialen Einheit und Geschlossenheit des Landes.

Geschichtliche Daten

1309 bis 1377 „babylonische Gefangenschaft" der Päpste in Avignon; 1326 erstmals in Deutschland Schießpulver im Kriege verwandt; 1339 Beginn des Hundertjährigen Krieges zwischen England und Frankreich; Karl IV., 1346 bis 1378, deutscher König bzw. Kaiser, erläßt 1356 Goldene Bulle, das Reichsgrundgesetz bis 1806; 1347 der Schwarze Tod in Europa; größte Machtentfaltung des Deutschen Ordens beginnt; 1362 Niederlage der Hanseflotte durch Dänemark; 1367 Kölner Konföderation der Hanse (mit Mecklenburg), Krieg und Sieg gegen Dänemark; 1370 Friede zu Stralsund, Ende der Versuche des dänischen Feudalstaats, an der südlichen Ostseeküste Fuß zu fassen; die große Zeit der Hanse beginnt; 1374 Tod Petrarcas; 1375 Tod Boccacios; 1378 zwei Päpste

Albrecht II. der Große (gest. 1379)
Kopie von Theodor Fischer, Mitte 19. Jh.

Albrecht II. (1318 – 1379)
Der erste Herzog von Mecklenburg

Der erste der mecklenburgischen Herzöge in der Ahnengalerie ist Albrecht II., auch der Große genannt. Als Vorlage der Kopie Fischers diente ein ganzfiguriges lebensgroßes Porträt des Herzogs aus den Jahre 1598 von dem Maler Cornelius Crommeny (geb. in den Niederlanden, gest. nach 1598), welches in Feinmalerei auf Eichenholz ausgeführt worden war. Lisch hatte diese Arbeit Crommenys aus dem 16. Jahrhundert auf dem Dachboden des Amtshauses von Doberan entdeckt. Fischer übernahm die Malweise Crommenys, ließ aber einige Details aus dem Original weg. Albrecht II. erscheint als gewaltiger Fürst. Einer der Füße mit den im Mittelalter üblichen Schnabelschuhen ragt über den Bildrand hinaus; sie haben eine auffallend lange Spitze.[3]) Der Herzog ist in voller Rüstung mit der hochmodischen Schecke, dem prächtig goldenen Duprring, einem tiefsitzenden Hüftgürtel, und den roten Schnabelschuhen dargestellt. Die Hauptzierde sind Beihänderschwert, Standarte und das dreifeldrige Wappen, das die Herrschaften Mecklenburg und Rostock sowie die Grafschaft Schwerin symbolisiert. Ein weiteres Detail auf dem Gemälde fällt ins Auge: eine Zange an der Rüstung des Herzogs. Hierzu gibt es unterschiedliche Deutungen, wie die Zange sei ein Hinweis auf die Nebenbeschäftigung des Herzogs – die Goldschmiedekunst –, oder mit der Zange habe er wegelagernden und friedensbrechenden Raubrittern die Ohren geschlitzt. Wahrscheinlich aber ist die Zange ein Mißverständnis der Maler ; an ihrer Stelle hängt eigentlich der Degenbrecher des Ritters.

In mecklenburgischen Geschichtsbüchern wurde Albrecht II. als „der Große“ beschrieben. Er mühte sich um geordnete Verhältnisse und Frieden in seinem Herrschaftsbereich. Seine Vermittlung bei Landfriedensbündnissen zwischen den Hansestädten und Fürsten benachbarter Länder trug ihm Sympathien ein. So war er u.a. der Initiator eines Bundes der Feudalherren und Städte gegen Raub, Mord, Brand und Fehde – von Polen bis Dänemark, von der Ostsee bis zum Harz. Durch Gebietserweiterungen stärkte er das Land. Das Land Stargard erhielt er als Reichslehen von Kaiser Karl IV. Als Dank dafür, daß Albrecht II. sich auf die Seite derjenigen gestellt hatte, die gemeinsam mit dem Papst und einigen deutschen Kurfürsten gegen den zu mächtig gewordenen Kaiser Ludwig aufgetreten waren und Karl von Böhmen zum Gegenkönig gewählt hatten. Albrecht II. und sein Bruder Johann wurden zudem mit der Herzogswürde geschmückt. Auch die Prignitz sollte er erhalten, der Lehnsbrief war schon ausgeschrieben, doch da besann sich Kaiser Karl eines Besseren, und der Brandenburger bekam dieses Gebiet.

Den Beinamen „der Große" führt Albrecht auch aus einem anderen Grund mit Recht. Schon als Dreijähriger war er durch seinen Vater mit Euphemia, Schwester des späteren Schwedenkönigs Magnus, verlobt worden. Als Albrecht eigene Kinder mit selbiger Euphemia hatte, vermählte er seinen Ältesten mit einer Tochter des dänischen Königs Waldemar Atterdag. Als schließlich sein Schwager Magnus in Schweden in Bedrängnis geraten war, half er nach, daß der enthront wurde, um sodann seinem zweiten Sohn die schwedische Königskrone aufzusetzen. Und als die hanseatischen Städte gegen Waldemar von Dänemark, Schwiegervater von Albrechts Ältestem, in den Krieg zogen, um ihr Handelsmonopol zu sichern, zogen Albrecht II. und sein Sohn gemeinsam gegen die dänische Verwandtschaft auf. Mitten in den Vorbereitungen eines neuen Krieges gegen Dänemark verstarb Albrecht – seinen Traum von einem mecklenburgischen Großreich im Norden Europas hatte er nicht verwirklichen können.

Auf dem Grab des tüchtigsten norddeutschen Fürsten seiner Zeit liest man: „. . . an Weisheit war er ein Salomon, an Adel und Würde ein König; rüstig in seinen Taten, gerecht in Kriegen und treu in Bündnissen."

Albrecht III.
Sohn Albrechts II.

Geb.: ?, gest.: 31. März 1412, begraben zu Gadebusch, Gemahlinnen: 1. Ricardis, Tochter Ottos I., Grafen von Schwerin, gest. 1377; 2. Agnes, Tochter des Herzogs Magnus II. von Braunschweig, gestorben zwischen 1430 und 1434; Söhne: Erich zu Gotland, Albrecht V.,

Regierungszeit: 1385–1388, 1395–1412, König von Schweden 1364–1389

Der einzige Fürst Mecklenburgs, der König wurde. Als König von Schweden und Herzog von Mecklenburg gelang es ihm wegen zu kleiner Hausmacht, weder die Krone zu erhalten noch ein friedliches, von Raubrittern freies Land zu schaffen.

Geschichtliche Daten

1385 Bündnis der Schweizer Eidgenossenschaft mit süddeutschen Städten, ein Jahr später Sieg ihres Volksheeres über Ritteraufgebot bei Sempach; 1386 Universität Heidelberg; 1387 Margarethe Königin von Dänemark; 1388 Universität Köln; 1389 Schweizer Eidgenossenschaft unabhängig; Reichslandfriede von Eger untersagt Städtebündnisse; Universität Erfurt; Schlacht bei Falköping, Margarethe gewinnt bis auf Stockholm ganz Schweden; Vitalienbrüder, mit Klaus Störtebecker, unterstützen Stockholm; 1397 Kalmarer Union: Margarethe vereinigt Dänemark, Norwegen und Schweden; 1401 Niederlage der Likedeeler, Hinrichtung Störtebeckers; 1402 Universität Würzburg; 1404 Verbrennung einer Anhängerin Wiclifs in Mecklenburg; 1409 Universität Leipzig; Fehde dreier Päpste; 1410 Schlacht bei Tannenberg, Deutscher Orden von den Polen unter Jagiello geschlagen; Bann über Jan Hus; 1409/10 Aufstände der Bürger in Wismar und Rostock gegen das Patriziat; 1412 Jan Hus exkommuniziert

Albrecht III. (gest. 1412)
Kopie von Theodor Fischer, Mitte 19. Jh.

Albrecht III. (gest. 1412)
Der einzige König aus Mecklenburg

Der aufrecht stehende, bereits mit 26 Jahren zum König gekrönte junge Mann mit dem etwas weichlichen, glattrasierten Gesicht ist auf dem Gemälde mit allen Zeichen seiner Königswürde angetan. Über der Rüstung trägt er einen bis auf den Boden fallenden roten Samtmantel, von drei als Kronen gestalteten Verschlüssen zusammengehalten. Eine goldene Krone ziert sein Haupt, eine Schärpe aus Gold das Gewand. Die gepanzerte Hand hält die Königsstandarte. Das Schild in der linken Hand wiederholt die Darstellung auf dieser Standarte: die Wappen der Herrschaft Mecklenburg und Rostock, der Grafschaft Schwerin und die drei Kronen des schwedischen Königreiches.

Das lebensgroße Idealbildnis Albrechts III. ist eine Kopie Fischers. Es hat viele Gemeinsamkeiten mit dem farbenprächtigen Tafelgemälde in der Königskapelle der Gadebuscher Stadtkirche. Hier hatte der mecklenburgische Herzog seine letzte Ruhestätte gefunden. Das Gadebuscher Doppelbildnis – es zeigt auch den Vater des Königs – wurde, wie Lisch schrieb, für das Gemälde der Ahnengalerie „zu Hülfe genommen". Die unmittelbare Vorlage bildete aber eine Zeichnung des mecklenburgischen Hofmalers Carl Georg Christian Schumacher (1791-1869), die dieser im Auftrag von Lisch nach dem Wandgemälde in der Heiligen-Bluts-Kapelle des Schweriner Domes anfertigte.

Albrecht III. hat eine sonderbare Geschichte, zumindestens für mecklenburgische Verhältnisse. Schwedischer König ist er geworden, war in Wirklichkeit jedoch nur ein Spielball beim feudalen Ränkeschmieden um Macht und Gewinn. Für den ehrgeizigen, nach Ausdehnung des Landbesitzes und der politischen Herrschaft strebenden Vater mußte sich der Sohn zur Verfügung stellen, um durch günstige Verheiratung die Familie wohlfeil in den Besitz von Ländereien zu bringen, wie es damals üblich war. Im Alter von 14 Jahren verlobte man ihn mit Ricardis von Schwerin, der Tochter des letzten Grafen von Schwerin, in der Hoffnung, dadurch die Grafschaft zu erwerben. (1166 war dieser Teil aus der Herrschaft Mecklenburg durch Heinrich den Löwen herausgelöst worden). Der Vater

Albrecht II. bekam zwar die Schwiegertochter, nicht aber das Land und seine Grafenkrone. Diese mußte er sich erkaufen für 20 000 Mark lübschen Silbers. Aber die Pläne des Vaters gingen noch weiter. Wieder mußte der Sohn herhalten. Der schwedische Adel bat die Mecklenburger um militärische Unterstützung gegen seinen König Magnus und bot dafür die schwedische Krone an. Albrecht II. griff zu. Er trug dazu bei, den schwedischen König, seinen eigenen Schwager, den Bruder seiner Gemahlin Euphemia, vom Thron zu stürzen und dessen Krone seinem Sohn zu übergeben.
Ein Vierteljahrhundert lang, von 1364 bis 1389, regierte der mecklenburgische Herzog Albrecht III. als König in völliger Abhängigkeit vom schwedischen Adel. Um die Krone zu erhalten und zu behalten, hatte er dem schwedischen Reichsrat zusichern müssen, dessen Willen in allen Angelegenheiten zu befolgen. Als Albrecht III., nach über 20 Jahren Herrschaft, einen Teil der Reichsgüter vom schwedischen Adel zurückforderte, bediente sich dieser der schon einmal erfolgreich angewandten Taktik. Jetzt wurde mit Hilfe der dänischen Königin Margarethe der Mecklenburger vom schwedischen Thron gestürzt. Auf das Volk konnte er sich nicht stützen, denn dieses hatte er durch hohe Steuern gegen sich aufgebracht. Auch hatte er bei der Ämtervergabe zu sehr seine eigenen Landsleute bevorzugt. In der Schlacht gegen das mit dem schwedischen Adel verbündete dänische Heer wurde Albrecht III. 1389 bei Falköping vernichtend geschlagen. Der Exkönig geriet in Gefangenschaft der Dänenkönigin Margarethe, die er zuvor als „Königin Hosenlos" verspottet hatte. Die Königin rächte sich nun auf ihre Weise, indem sie ihn zwang, eine Narrenkappe aufzusetzen. Und dann ließ sie ihn im Kerker schmachten, sechs Jahre lang. Johann von Stargard, der Onkel von Albrecht III., rief zum Seekrieg gegen Dänemark auf und bot allen, die sich auf eigene Kosten an diesem Kampf beteiligen wollten, den Schutz der Häfen und Städte Mecklenburgs an. Aber die Hoffnung schlug fehl, 1395 mußten 60 000 Mark Lösegeld gezahlt werden. Möglich war dies nur mit Hilfe der reichen Hansestädte und des Hochmeisters des Deutschen Ordens. 1395 kehrte der Herzog aus schwedischer Gefangenschaft zurück. 1412 starb Albrecht III. In der Königskapelle zu Gadebusch wurde er beigesetzt und, damaliger Tradition gemäß, durch ein lebensgroßes Wandgemälde in der Kapelle des Schweriner Domes verewigt.

Magnus I.
Sohn Albrechts II.

Geb.: ?, gest.: 1. September 1384, begraben zu Doberan, Gemahlin: Elsabe, Tochter Barnims IV., Herzogs von Pommern-Rügen, gest. nach 16. Juni 1377; Sohn: Johann IV.,

Regierungszeit: 1379–1384

Seine Regierungszeit war zu kurz, um Wesentliches für das Land zu bewirken. Mit dem Faustrecht rückte er den Raubrittern zu Leibe.

Geschichtliche Daten

1381 nach Ausschreibung der allgemeinen Kopfsteuer in England Bauernerhebungen unter Wat Tyler und John Ball gegen bäuerliche Hörigkeit; Trittwebstuhl in Nürnberg; rheinisch-schwäbischer Städtebund; 1382 Wiclif revoltiert gegen katholische Kirche, seine Lehren als ketzerisch verurteilt; Anhänger Wiclifs auch in Mecklenburg; Volksaufstand in Frankreich wegen Wiedererhöhung der Salzsteuer; Neubau der Marienkirche in Stralsund, norddeutsche Backsteingotik; 1384 „Heidelberger Stallung" – Bündnis von Fürsten und Städten zur Sicherung des Landfriedens in Deutschland

Magnus I. (gest. 1384)
Ein vielverlobter Herzog

Während sein Bruder Albrecht III. über das schwedische Königreich herrschte, übernahm Magnus nach dem Tode des Vaters 1379 gemeinsam mit seinem anderen Bruder Heinrich III. die Regierung des Herzogtums. In der Ahnengalerie fand aber nur Magnus I. einen Platz, weil er die Linie des mecklenburgischen Herzogsgeschlechts fortsetzte.

Magnus I. (gest. 1384)
Kopie von Theodor Fischer, Mitte 19. Jh.

Die Vorlage für das Porträt bildete das um 1422 entstandende Wandgemälde im Doberaner Münster. Katharina von Sachsen-Lauenburg, Schwiegertochter Magnus I., hatte es einst in Auftrag gegeben. Im Gegensatz zu dem in Doberan befindlichen Gemälde hat Fischer für die Ahnengalerie das Bildnis des Herzogs stark idealisiert, entsprechend dem Zeitgeschmack des 19. Jahrhunderts und dem Auftrag seines Herrn. So wurde aus dem ursprünglich ernsten, würdigen Herrn mit dem schmalen, fast leidend wirkenden Gesicht, wie er sich in Doberan zeigt, ein sehr verjüngter, ritterlich gerüsteter Fürst mit üppig gelocktem Haar. Viel ist über Magnus I. nicht überliefert. Er hat sich entschieden gegen das damals herrschende Raubritterunwesen im Lande zur Wehr gesetzt und damit auch die Entwicklung in den Städten befördert. Einer aus dem Jahre 1739 datierten lateinischen Schrift ist zu entnehmen, daß sich beide regierenden Herzöge „gewaltige Mühe beim Vernichten der Räuber und deren Schlupfwinkel und beim Zerstören ihrer Burgfesten gegeben“ haben. Heinrich tat sich besonders hervor. Er verfolgte die Raubritter, welchen Standes sie auch waren, wo auch immer sie Unterschlupf suchten, sogar bis in die Kirchen, und er sorgte dafür, daß sie auf der Stelle gehenkt wurden. Das trug ihm den für einen Landesfürsten gewiß nicht schmeichelhaften Beinamen „de Henger“ ein. Gestorben ist Heinrich durch einen Sturz bei einem Turnier in Wismar. Über Magnus berichtet die oben zitierte Schrift: „Er war ein hitziger und rachgieriger Herr“. Dreimal war Magnus verlobt, ohne daß je eine Hochzeit folgte. Die erste Verlobung feierte er am 29. August 1355 mit Mechthild von Werle-Goldberg. Drei Jahre danach sollte die Hochzeit sein. Vereinbart war, daß Magnus die Schwester seiner Braut, Agnes, heiratet, stürbe Mechthild während dieser Zeit. Magnus aber nahm keine von beiden. Bereits ein Jahr nach der ersten Verlobung, „am Dienstag vor Fastnacht 1356“, gab es die nächste, jetzt mit Katharina von Werle-Güstrow. Nach vier weiteren Jahren verlobte er sich mit Jutta von Sachsen-Lauenburg. Aber auch diese Verbindung war nicht von Dauer. Die vierte Verlobte, Elzleben (Elisabeth) von Pommern-Rügen, wurde endlich seine Gemahlin. Dieser Ehe entsproß Johann IV., der die herzogliche Linie auch fortführte. (Die Söhne Albrechts III. und Heinrichs III. starben, ohne Erben zu hinterlasssen.)

Albrecht V. (gest. 1423)
Kopie von Theodor Fischer, Mitte 19. Jh.

Albrecht V.
Sohn Albrechts III.

Geb.: um 1397, gest.: 1423, begraben zu Gadebusch, Gemahlin: Margarete, Tochter des Markgrafen Friedrich I. von Brandenburg; Söhne: keine

Regierungszeit: 1412–1423

Mitbegründer der Universität Rostock (1419) und der Rostocker Erbverbrüderung von 1418

Geschichtliche Daten
(siehe Albrecht III. und Johann IV.)

Albrecht V. (gest. 1423)
Mitbegründer der Rostocker Universität

Als Vorlage für das Gemälde Albrechts V. diente ein Originalbildnis des Herzogs in der Königskapelle der Kirche zu Gadebusch. Fischer glich es allerdings den weiteren Gemälden in der Ahnengalerie an, verwandte ungemischte Farben und klare Konturen und erreichte in Malweise und Format die angestrebte dekorative Einheitlichkeit.
Albrecht V. erscheint als ein friedfertiger junger Mann in aufrechter Haltung. Sein lockiges braunes Haar hat der blauäugige Regent mit einer schlichten dunkelgrünen Kappe bedeckt. Das satte Grün und das helle Rot des braun gefütterten, mit goldenem Band umfaßten Umhangs hebt sich leuchtend von dem grau gehaltenen Hintergrund ab. Über dem Kettenpanzer und dem knielangen, gezaddelten und an den Ärmeln geschlitzten Umhang trägt er ein metallenes, von goldener geflochtener Borte umsäumtes Schulterstück, verziert mit einer Reihe Schmuckelementen. Die Wappenzeichen der Herrschaft Mecklenburg sind auf einer Königsstandarte

abgebildet. Albrecht V. betrachtete sich, vom Vater her, als der wahre und rechtmäßige Erbe von Schweden und Norwegen. Doch dies trieb ihm Erich, der Dänenkönig, der Nachfolger Margarethes, 1417 aus. Albrecht wurde bei einer Schlacht bei Schleswig gefangen und mußte sich zum Frieden verpflichten, also de facto allen königlichen Ansprüchen entsagen, was sein Vater ein Dutzend Jahre zuvor bei seinem Treffen mit der Dänenkönigin Margarethe auch schon getan hatte. Aber Albrecht V. gab nicht so schnell auf. Er glaubte, seinen Anspruch auf die Krone international zu dokumentieren, indem er eine Universität gründete. Die mecklenburgischen Herzöge hatten dazu weder die nötigen Mittel noch die Macht. Sie benötigten die Unterstützung der Stadt Rostock und der Kirche. Landesfürsten und Stadt erhofften, durch eine Universität höheres Ansehen, also Einfluß zu gewinnen und die katastrophalen kirchlichen Verhältnisse im Land durch gebildete Theologen zu verbessern. Der Papst gab seine Zustimmung, genehmigte aber nicht die Theologische Fakultät; er fürchtete die Ketzerei, immerhin kam auch Jan Hus von einer Universität. Im November 1419 wurde die Rostocker Universität feierlich eröffnet, um „die wüste Stätte der Unwissenheit und der Irrtümer aufzuhellen“ und „ Strahlen der Weisheit und Gelehrsamkeit um sich zu verbreiten“, wie ein Chronist später vermerkte. 1423 starb Albrecht V. Lediglich ein Jahr lang regierte er relativ selbständig. In der Königskapelle der Kirche zu Gadebusch ist er beigesetzt. [4])

Johann IV.
Sohn Magnus I.

Geb: ?. gest.: 16. Oktober 1422, begraben zu Doberan; Gemahlinnen: 1. Jutta , Tochter des Grafen Otto III. von Hoya, gest. 7. Oktober 1415; 2. Katharine, Tochter Herzog Erichs IV. von Sachsen-Lauenburg, Regentin bis 1436, gest. nach 23. Juli 1448; Söhne: Magnus, Heinrich IV., Johann V.,

Regierungszeit: 1384–1422

Beteiligt an der Rostocker Erbverbrüderung von 1418 zur Wahrung der Einheit des Landes. Mitbegründer der Universität Rostock. Kurz vor seinem Tod zum König von Schweden gewählt.

Geschichtliche Daten

1413 Geschütz aus Eisenguß, Steingeschosse von 750 Pfund; 1415 Jan Hus verbrannt; Wiclif zum Ketzer erklärt; Frankreich großteils von England besetzt; 1417 Friedrich I. erster Kurfürst von Brandenburg; Ende der Zeiten der Gegenpäpste, 1418 Pariser Zünfte beherrschen die Stadt; 1419 Aufstand der Anhänger von Jan Hus, Beginn der Hussitenkriege; Universitätsgründung in Rostock, für lange Zeit die wichtigste Hochschule im Ostseeraum; astronomische Kunstuhr in Olmütz, 15 m hoch, mit Datumsangabe u.v.a.m.; 1422 Hussiten schlagen Kaiser Sigismund bei Prag; holländische Malerei mit bürgerlichen Motiven

Johann IV. (gest.1422)
Ein Herzog im Kirchenbann

Das Porträt dieses Herzogs zeigt einen vornehmen, etwas blassen jungen Mann mit verfeinerten Zügen und träumerisch in die Ferne gerichtetem Blick. Verstärkt wird der Eindruck durch den zarten, blütenweißen Ärmel des Hemdes am Gelenk der feindgliedrigen Hand. Selbst die Rüstung wirkt eher schmückend als kriegerisch. Theodor Fischer nutzte für seine Darstellung die Vorlage aus dem Doberaner Münster. Sie war nach 1422 entstanden. Dieses Bildnis stellt einen glattrasierten, schmalgesichtigen jungen Mann mit spitzem Kinn und ergeben nach oben gerichtetem Blick dar. Fischer gestaltete bei seiner idealisierenden Darstellung den Herzog würdevoller, männlicher. Er malte dessen Gesicht voller, rundete das Kinn und fügte sogar noch einen Oberlippenbart hinzu.
Zweimal hatte der Herzog Pech. Zweimal heiratete er Enkelinnen des Herzogs Magnus II. von Braunschweig, das aber war von der katholischen

Johann IV. (gest. 1422)
Kopie von Theodor Fischer, Mitte 19. Jh.

Kirche verboten. So bekam er Schwierigkeiten mit der Kirche. „Wegen zu naher Verwandtschaft" wurde er mit dem Bann belegt. Doch die „Bannstrahlen waren nicht mehr zerschmetternde Blitze, sondern nur harmloses Wetterleuchten" – so Ernst Boll in seiner „Geschichte Mecklenburgs"; der innere Verfall der Kirche und der Widerstand gegen sie waren bereits zu dieser Zeit so groß, daß sich auch Johann IV. nicht beeindrucken, also nicht scheiden ließ. Er beantragte sogar die Legitimierung seiner zweiten Ehe, was dann auch zwei Jahre nach der Vermählung im August 1418 geschah. Die Auseinandersetzung mit der Kirche waren jedoch nur eine der Unanehmlichkeiten, mit denen Herzog Johann während seiner Regierungszeit zu tun hatte. Sehr oft mußte er seine Macht mit anderen teilen und die damit zusammenhängenden Streitigkeiten in Kauf nehmen, auch die Teilung der Ländereien.

Innerhalb seiner 27jährigen Regierungszeit übte er nur sieben Jahre selbständig die Herrschaft aus. Dem Land, von sozialen Unruhen, Kriegen, Fehden und Räubereien geschüttelt, konnte keine feste Führung erwachsen. Es bedurfte kurze Zeit später nur geringer Anstrengung, es vollends an den Rand des Ruins zu bringen. Das Schicksal seines königlichen Onkels Albrecht III. aber ist Johann erspart geblieben. Als in Schweden die Stände untereinander wieder in Streit geraten waren, wurden die Verwandtschaftsverhältnisse und Bindungen zu Mecklenburg genutzt, um von hier erneut einen Gegenkönig zu erwählen. 1422 wurde Johann IV. zum König von Schweden erwählt. Doch noch im gleichen Jahr verstarb er im Schloß zu Schwerin.

Heinrich IV., der Dicke
Sohn Johanns IV.

Geb.: 1417, gest.: 9.März 1477, begraben zu Gadebusch; Gemahlin: Dorothea, Tochter des Kurfürsten Friedrich I. von Brandenburg, gest. 19. Januar 1491; Söhne: Albrecht VI., Johann VI., Magnus II., Balthasar

Regierungszeit: 1422 (mündig 1436) – 1477

Unter Heinrich dem Dicken erreichte Mecklenburg die größte Ausdehnung und die heutige territoriale Gestalt, aber ohne sein Zutun. Was er tat, trieb das Land in den wirtschaftlichen Ruin.

Geschichtliche Daten

Einwohnerzahlen: Venedig 190 000, Antwerpen 50 000, Hamburg 20 000, Rostock um 12 000, Leipzig um 6 000; Fürsten in Italien und Ungarn fördern Humanismus und Renaissance, 1441 erste öffentliche Bibliothek in Florenz, 1459 stiftet Pius II. Universität Basel, 1469 Venedig bedeutendster Druckort und Buchhandelsplatz in Europa; Cosimo de Medici respektiert 1434 republikanische Staatsform in Florenz, Nikolaus von Kues leugnet Allgewalt des Papstes; Eisenhütten verbreiten sich von Holland nach England und Schweden; Hochöfen; Bockwindmühle; Wassermühle; 1445 Buchdruck mit beweglichen Lettern in Mainz, (1475 in Rostock, 1482 München); Portugiesen überqueren 1471 zur See den Äquator, entdecken 1474 vermutlich Brasilien (Einführung des Handels mit schwarzen Sklaven); Börse in Antwerpen 1460; Ausbildung der Gutsherrschaft in Deutschland; Freilassung der Hörigen in England; „Einhegungen“, Bauernaufstände; Verbrennung von Niklas Pfeifer in Würzburg 1476; 1477 Lied vom Tell; vor Luther bereits 130 deutsche Bibelübersetzungen und zahlreiche Drucke; 1477 Holstentor in Lübeck; 1464 „Osterspiel“ aus Redentin bei Wismar.

Heinrich IV. (1417–1477)
Er verkaufte beinahe das ganze Land

Das lebensgroße Gemälde Heinrichs IV., der wegen seiner Fettleibigkeit der Dicke genannt wurde, zeigt den bis an die Zehenspitzen gerüsteten Fürsten im mittleren Alter. Die stattliche Wirkung des Regenten wird durch den weit herabfallenden isabellfarbenen Mantel erzielt, der einen Teil der Rüstung bedeckt. Als Vorlage für die von Fischer angefertigte Kopie diente ein Gemälde mit dem ganzfigurigen Idealbildnis des Herzogs aus dem Doberaner Münster. Auf den ersten Blick scheinen beide Gemälde identisch zu sein. Und doch gelang es Fischer, fast unmerklich, aber doch wirkungsvoll, den Herzog zu idealisieren. Er glättete das verlebte Gesicht, milderte die Tränensäcke und das Rot der Nase, ersetzte den bläulichen Schimmer um Kinn und Wange, der auf dem Original den Eindruck von Ungepflegtheit erweckt, durch eine rosige Gesichtsfarbe. Diesem Herrn mit der Halbglatze, den hochgezogenen Augenbrauen und den Falten auf der Stirn sieht man auf der Kopie das ausschweifende Leben kaum an, und man ahnt nur, daß ihm Willenskraft und Energie fehlten. Besonders auffällig im Vergleich zu den anderen Gemälden der Ahnengalerie ist, daß kein Schwert, kein Landeswappen Heinrichs Herrscherwürde zieren. Dabei hätte er ein fünffeldriges Wappenschild führen können. Heinrich der Dicke regierte ein Gebiet, wie es keiner seiner Vorfahren je besaß. Er war Herzog zu Mecklenburg, Fürst zu Wenden, Graf zu Schwerin, der Lande Rostock und Stargard Herr. Diese Machtbereiche waren ihm durch Erbschaft in den Schoß gefallen. 1436 war die Linie Werle (Güstrow) ausgestorben, 1471 erlosch auch der Mannesstamm des Stargarder Hauses. Gegenüber dem territorialen Besitz zum Beginn des mecklenburgischen Herzogsgeschlecht besaß Heinrich der Dicke seitdem ein über sechs Mal größeres Gebiet, 12 000 Quadratkilometer, eine Ausdehnung des Landes, die im wesentlichen bis ins 20. Jahrhundert erhalten blieb.

Statt diesen Machtzuwachs zugunsten des Landes zu nutzen, brachte er das Land an den Bettelstab. Seine Regierungszeit zählt zu den traurigsten, die Mecklenburg bis zum 30jährigen Krieg je erlebte. Am Ende herrschten unglaubliche Zustände. Überfälle und Räubereien nahmen überhand.

Heinrich IV. der Dicke (1417–1477)
Kopie von Theodor Fischer, Mitte 19. Jh.

Herren und Knechte übten sich gleichermaßen in dem für sie einträglichem Gewerbe. Die Schadensregister dieser Zeit sind endlos. Heinrich besaß kaum einen Überblick über seine Herrschaftsbereiche. Vieles überließ er dem Selbstlauf. Er vergrößerte das Chaos noch, indem er das Land für eigene Lustbarkeiten schröpfte. Dem Trunke ergeben, lebte er nur den sinnlichen Vergnügungen. Ständig hatte er Geldsorgen. Deshalb verkaufte oder verpfändete er fast täglich herzogliche Häuser, Güter, Dörfer und Regalien (fürstliche Hoheits- und Nutzungsrechte), um sie zu barem Geld zu machen. Die Mehrzahl der Vogteien befand sich im Pfandbesitz von Städten, Rittern, fremden Fürsten oder eigenen Verwandten. Der ritterschaftliche Grundadel hatte die Herzöge zuvor bei ihren abenteuerlichen Unternehmungen finanziell gestützt, sich dafür aber landesherrliche Rechte verbriefen lassen. Gegen bares Geld erhielten sie jetzt die Erbpacht über die Lehen, welche somit zu unveräußerlichem Besitz wurden. Damit entstand schon zu dieser Zeit die Grundlage für die spätere Gutsherrschaft, für die Privilegien der Ritterschaft, die sich verhängnisvoll auf die Entwicklung des Landes auswirken sollte. Die ständige Geldnot trieb Heinrich den Dicken immer mehr in Schulden und Abhängigkeit und das Land in Not. Die Besitzungen, die ihm verblieben waren, konnten die Kosten seiner Hofhaltung nicht decken, und so „zog er von einer Vogtei zur anderen und ließ sich und sein Gefolge unterhalten". Schließlich mußte er sogar sein Silberzeug verkaufen. Statt dessen ließ er zu Bantschow, einem Dorfe im Amte Schwerin, hölzerne Kannen und Schalen drechseln, sie anmalen und mit goldenden Blumen zieren und pflegte sie als „Bantschower Gläser" zu bezeichnen. Im Grunde verkaufte er das ganze Land: Um des Verzichtes der Brandenburger auf 5000 Gulden willen sprach er ihnen im Falle des Aussterbens seiner Linie die Erbanwartschaft auf ganz Mecklenburg zu.
Nach 41 Regierungsjahren starb Herzog Heinrich im März 1477 und wurde in Doberan begraben. Mitregent war sein Bruder Johann, der aber widmete sich nur der Astrologie.

Magnus II.
Sohn Heinrichs IV.

Geb.: ?, gest.: 20. November 1503, begraben zu Doberan; Gemahlin: Sophia, Tochter Herzog Erichs II. von Pommern, gest. 26. April 1504; Söhne: Heinrich V., Erich II., Albrecht VII.

Regierungszeit: 1477–1503

Ein Herzog mit weitblickender und solider Wirtschafts- und Finanzpolitik und Erfolgen gegenüber den Ständen bei der Zentralisierung des Staats. Über 15 Jahre hinweg rang er mit der Hansestadt Rostock um die Rechtshoheit („Rostocker Domfehde“)

Geschichtliche Daten

1481 Inquisition in Spanien; 1483 „Eulenspiegel“ entsteht; 1484 Hexenbulle von Papst Innozenz III. löst Hexenverfolgung aus; erstes gedrucktes Heilpflanzenbuch; 1487 B. Diaz umfährt Kap der Guten Hoffnung; 1489 Veit Stoß – Hochaltar der Marienkirche in Krakau; 1490 an ital. Höfen Ballett; 1492 Kolumbus in Amerika; Erdglobus von Martin Behaim; da Vinci zeichnet Flugmaschine; Judenverbrennung in Mecklenburg/ Sternberg; 1493 Spanien und Portugal teilen die Neue Welt auf; erster Bauernaufstand des Bundschuh; Flaschenpost (Kolumbus); 1497 Vertreibung der Juden aus Portugal; erste Leipziger Messe; Dürers „Apokalypse“; Vasco da Gama findet Seeweg nach Indien; Leihhaus in Nürnberg; Fugger kontrolliert europäischen Kupfermarkt; 1500 erster Kaiserschnitt bei einer Lebenden; über 1000 Druckereien in Europa; 1510 päpstliche Bulle zur Verbrennung von Büchern gegen die Kirche; 1502 Universität Wittenberg

Magnus II. (gest.1503)
Ein weitsichtiger Monarch

Als Vorlage für das Gemälde diente ein kleines, ganzfiguriges Bildnis, das Lisch auf Schloß Fredricksborg auf Seeland entdeckt hatte. Magnus II. wird von Fischer als stattlicher Herr in reiferen Jahren mit sinnendem, ernstem Blick dargestellt. Die üppige, in ihren Farben jedoch zurückhaltende Kleidung der Renaissance und die drei schweren doppelten Gliederketten unterstreichen Herrscherwürde, Geist und Tatkraft.

Magnus II. war einer der bedeutendsten Fürsten Mecklenburgs. Mehr als ein Jahrhundert nach Albrecht dem Großen nahm wieder ein fähiger Mann die Regierungsgeschäfte im Lande in die Hand. Er erkannte die Notwendigkeit einer gründlichen Änderung der Politik und setzte sich mit Konsequenz und Beharrlichkeit dafür ein. Sein Vater, Heinrich der Dicke, hatte das Land völlig an den Ruin gebracht.

Magnus II. verschaffte sich einen Überblick über die reale finanzielle Lage, schuf statt des verworrenen Finanzsystems eine Zentralkasse, füllte diese durch außerordentliche Steuern auf. Er verbündete sich 1480 mit anderen Fürsten und legte durchgreifende Maßnahmen zur Unterdrückung der Straßenräuberei fest. So konnte er die Entwicklung von Handel und Verkehr unterstützen. Er begann auch den Holzreichtum Mecklenburgs kaufmännisch zu verwerten und trieb Kornhandel. Die geplante Kanalverbindung Ostsee- Elbe- Schweriner See kam nicht zustande, dafür reichten die Mittel nun doch nicht.

Magnus stärkte mit erstaunlicher Zähigkeit seine Macht durch die Wiedereinlösung eines großen Teils der durch seinen Vater verpfändeten und verkauften Regalien. Mit Papst und Kirche stellte sich der Herzog auf guten Fuß. Er brauchte ihre Hilfe, z.B. in dem an die 15 Jahre währenden Streit mit der Stadt Rostock (Rostocker Domfehde). Die Stadt wurde von der Kirche mit dem Bann belegt, um Magnus' Forderungen an sie durchsetzen zu helfen. Der Herzog konnte, ohne Schaden an Leib und Seele zu nehmen, eine Nonne heiraten, Sophia von Pommern, die Braut seines verstorbenen Bruders. [4]) Ob sich nun Magnus zur Gegenleistung verpflichtet fühlte oder ob er eigene Interessen hatte: Tatsache ist, daß er 1492 das

Magnus II., (gest. 1503)
Kopie von Theodor Fischer, Mitte 19. Jh.

grausame kirchliche Urteil gegen die Sternberger Juden bestätigte. 27 jüdische Männer und Frauen wurden wegen angeblicher Hostienschändung öffentlich auf dem sogenannten Judenberg verbrannt, andere des Landes verwiesen und ihr Eigentum in den Besitz des Herzogs überführt. Der starken Persönlichkeit des Herzogs, seiner geschickten auf die Wiederherstellung der Ordnung im Lande gerichteten Politik ist es zu verdanken, daß er seinen Söhnen ein relativ gefestigtes Land hinterlassen konnte.
Er starb am 20. November 1503 an Lepra. Auf einer Wallfahrt ins Heilige Land soll er sich diese Krankheit geholt haben. Auch der von Brandenburg 1493 auf zwei Jahre geliehene Leibarzt Conrad Schwestermüller konnte ihn nicht retten.

Heinrich V., der Friedfertige
Sohn Magnus' II.

Geb.: 3. Mai 1479, gest.: 6. Februar 1552, begraben zu Schwerin, Gemahlinnen: 1. Ursula, Tochter Johanns, Kurfürst von Brandenburg, gest. 18. September 1510; 2. Helena, Tochter des Kurfürsten Philipp von der Pfalz, gest. 4. August 1524; 3. Ursula, Tochter des Herzogs Magnus I. von Sachsen-Lauenburg, gest. 1578; Söhne : Magnus III. Philipp

Regierungszeit: 1503–1552

Heinrich führte mit weiser Zurückhaltung und hartnäckiger Konsequenz die Reformation in Mecklenburg auf friedliche Weise durch. 1549 beschloß der Landtag von Mecklenburg ihre Anerkennung.

Geschichtliche Daten

1506 Tetzel beginnt Ablaßhandel; da Vincis Mona Lisa, 1507 Folter zur Wahrheitsfindung; 1513 Bauernaufstand im Breisgau; Dürers „Ritter, Tod und Teufel"; 1514 Aufstand des „Armen Konrad" niedergeschlagen; Fugger bringt Ablaßhandel in seine Hand; 1515 Manufakturen in Frankreich; 1516 Thomas Morus' „Utopia"; Raffaels „Sixtinische Madonna"; 1517 Bauernaufstand am Oberrhein; Luthers 95 Thesen zu Wittenberg; Monopol für Negersklavenhandel nach Holland; 1519 Luther im Bann, 1521 Luther übersetzt Neues Testament; Cortez vernichtet Azteken; 1524/25 Großer deutscher Bauernkrieg; Tod Müntzers; 1526 Reformation in Schweden, 1532 Nürnberger Anstand (Religionsfrieden); 1534 Jesuitenorden/ Gegenreformation; 1539 Tizians „Schlummernde Venus"; 1546/47 Schmalkaldischer Krieg – von Fugger finanziert – Sieg Karls V.; 1550 Rechenbuch von Adam Ries; 1552 Sieg der protestant. Fürsten über Karl V.

Heinrich V. der Friedfertige (1479–1552)
Ein weiser Herzog

In erhabener Größe blickt Heinrich von seinem Bildnis auf den Betrachter. Er trägt die in der Zeit der Reformation für Fürsten übliche Kleidung: eine knielange schwarze, pelzverbrämte Schaube mit großem, über die Schulter fallendem Pelzkragen, schwarze Kniehosen und Strümpfe sowie weit ausgeschnittene Schuhe, der breiten und abgeplatteten Form wegen „Kuhmaulschuhe" genannt. Es handelt sich bei diesem Gemälde Fischers vermutlich um die Kopie einer Kopie. [5]) Doch Fischer selbst nahm noch eine Reihe von Veränderungen vor. Aus dem ursprünglichen Brustbild schuf er ein ganzfiguriges Gemälde, er postierte die herzogliche Gestalt frei in den Raum, ergänzte die fehlenden Schulter- und Ärmelpartien und den unteren Teil, fügte ein weißes, feingefälteltes Hemd hinzu und verzierte das dunkle Wams mit Goldstickerei. Aus dem schlichten, aber ausdrucksstarken Porträt wurde so ein prunkvolles, idealisiertes lebensgroßes Bildnis. Es ist das einzige Gemälde in der Ahnengalerie, das eine so umfangreiche Ergänzung erfuhr.
Herzog Heinrich V., der Friedfertige, auch der Fromme genannt, übernahm 1503 die Regierung. Zu diesem Zeitpunkt war die römisch-katholische Kirche mächtiger Grundeigentümer und zentrale, absolut und intolerant

herrschende geistige Macht. Andersdenkende wurden als Ketzer verfolgt. Es war aber auch die Zeit, in der die Umwälzung begann, die Reformation, die frühbürgerliche Revolution in Deutschland. Eigentum und Macht der Geistlichkeit waren stark angewachsen, auch in Mecklenburg. Heinrich der Friedfertige versuchte in seiner 49jährigen Regierungszeit – mit aller ihm eigenen Bedächtigkeit und Vorsicht – gemeinsam mit, größtenteils jedoch gegen seinen mitregierenden Bruder Albrecht VII., die Kirche in Mecklenburg zu reformieren. Er ließ Kirchenvisitationen durchführen und eine neue Kirchenordnung verfassen, berief evangelische Prediger in sein Land, ließ u.a. ein Buch von Egidius Faber mit einem Vorwort von Martin Luther herausgeben, in welchem das derzeitige Wesen der katholischen Kirche und das Leben der katholischen Geistlichkeiten in Schwerin mit scharfen Worten entlarvt wurden. Mit diplomatischem Geschick dehnte Heinrich seine Herrschaft auf die kirchlichen Verhältnisse aus, und zwar so weit, daß sich die bischöflichen Offiziale, Bürger und Magistrate in kirchlichen Angelegenheiten an ihn wenden mußten. Heinrich hatte dafür 1516 seinen erst siebenjährigen Sohn zum Bischof erwählen lassen. Als dessen Vater war er somit der Vormund des Bischofs. Damit hatte er als weltlicher Landesherr große Macht, aber auch Verpflichtungen gegenüber der katholischen Kirche. Das brachte Inkonsequenzen mit sich, jedoch auch den gewünschten friedlichen Verlauf der Reformation. Heinrich V. schloß sich dem „Torgauer Bund“ (1526) der protestantischen Fürsten an, trat jedoch nicht dem Schmalkaldischen Bund (1531) bei, der mit der Waffe in der Hand den protestantischen Glauben verteidigte. Erst seit dem 1532 geschlossenen Nürnberger Religionsfrieden, der allen Ständen die freie Ausübung der Religion sicherte, bekannte sich Heinrich nach 29 Regierungsjahren offen zur lutherischen Lehre.

Der Herzog war dreimal verheiratet. Die erste Ehe schloß er mit 28 Jahren, die letzte nach 27jähriger Witwerschaft im würdigen Alter von 73 Jahren. Lange konnte er das junge Eheglück nicht genießen. Neun Monate nach den Hochzeitsfeierlichkeiten starb er. Im Dom zu Schwerin wurde er beigesetzt. Grundzug seines Lebens und seiner Politik war die Lösung von Streitigkeiten auf friedlichem Wege, weshalb er auch den ehrenvollen Beinamen „Fredemaker“ (Friedensmacher) erhielt.

Heinrich V. der Friedfertige (1479–1552)
Kopie von Theodor Fischer, Mitte 19. Jh.

Albrecht VII., der Schöne
Sohn Magnus'II.

Geb.: 28.Juli 1488, gest.: 5. Januar 1547, begraben zu Doberan; Gemahlin: Anna, Tochter des Kurfürsten Joachim I. von Brandenburg, gest. 19. Juni 1567; Söhne : Magnus, Johann Albrecht I., Ulrich III., Georg, Ludwig, Johann, Christoph, Karl I.,

Regierungszeit: (selbständig zu Güstrow) 1534 – 1547

Albrecht soll der schönste Mann seiner Zeit gewesen sein. Herrschsucht und Eitelkeit ließen ihn nach der dänischen und schwedischen Krone greifen. Dafür wechselte er den Glauben je nach Bedarf. Aber ohne Erfolg.

Geschichtliche Daten
(siehe Heinrich V.)

Albrecht VII. (1488–1547)
Der schönste Herzog seiner Zeit

Herzog Albrecht VII. erhielt den Beinnamen „der Schöne", weil er den schönsten Körper seiner Zeit gehabt haben soll. So wird berichtet. Auf dem Gemälde in der Ahnengalerie kann man seine Gestalt unter der weiten, knielangen weißen Schaube mit dem breiten braunen Pelzkragen und den gewaltigen Puffärmeln kaum erahnen. Die engen roten Beinlinge lassen allerdings wohlgeformte Waden erkennen. Durch die übermäßige Fülle und Farbenpracht des Stoffes wirken Kopf und Hände klein und zierlich. Das Gemälde ist eine originalgetreue Nachbildung des ganzfigurigen Idealbildnisses des Herzogs aus der Klosterkirche Bad Doberan.[6]) Albrecht VII. trägt ebenso wie sein Bruder Herzog Heinrich V. die typische Kleidung der Fürsten in der Reformationszeit. Aber im Unterschied zu Heinrich erscheint er sehr prunkvoll.

Albrecht VII. der Schöne (1488–1547)
Kopie von Theodor Fischer, Mitte 19. Jh.

Albrecht übernahm nach dem Tode seines Vaters Magnus gemeinsam mit seinen Brüdern Erich (gest.1508) und Heinrich V. (gest.1552) die Macht. Gegen bare Zahlung erklärte er sich bereit, die Regierung seinem neun Jahre älteren Bruder Heinrich fast vollständig zu überlassen. Seit 1518 drängte er aber auf eine Landesteilung; sein Anteil an Regierung und Einkünften erschien ihm zu gering. Heinrich wollte jedoch eine Gemeinschaftsregierung. 1520 jedoch kam es zum Abschluß des Neubrandenburger Hausvertrages mit einem komplizierten Modus der Teilung des mecklenburgischen Gebietes, der Städte, Ämter und Dörfer sowie der Steuern und Zölle. Einige Städte und Ämter waren z.B. der gemeinsamen Herrschaft unterstellt, andere wurden einfach geteilt. Streitigkeiten waren dadurch schon vorrauszusehen.
Albrechts Versuch, die Reformation in Mecklenburg aufzuhalten, scheiterte. Seine Forderungen an den Adminstrator des Bistums Schwerin, Magnus III., ihm „Aufruhr stiftende Ketzerprediger" anzuzeigen, blieb ohne Widerhall. Im Gegenteil, dieser, sein Neffe, ein Sohn von Bruder Heinrich, förderte die evangelische Lehre sogar eifrig. 1534 wurde das Land zwischen den beiden Brüdern neu aufgeteilt. Albrecht bekam Mecklenburg-Güstrow, Heinrich Mecklenburg-Schwerin mit jeweils eigener Verwaltung. Die von Albrecht angestrebte politische Landesteilung konnte auf 20 Jahre ausgesetzt werden.
Albrecht VII. hatte hochfliegende Pläne, König wollte er werden. Als 1523 König Christian von Dänemark abgesetzt worden war, hatte er sich um die Thronfolge beworben. Dafür brauchte er die Unterstützung der Seestädte. Doch diese waren evangelisch gesinnt. Ohne zu zögern versprach er, die evangelische Lehre zu schützen. 1535 zog er mit Unterstützung der Seestädte in den Krieg gegen Dänemark und gelangte auch in den Besitz von Kopenhagen, wurde bald darauf jedoch von Christian III. zu Lande und zu Wasser eingeschlossen und mußte 1536 kapitulieren. 1543 strebte er nach der schwedischen Königskrone, wieder vergebens. Alle seine Pläne scheiterten, ein Mißerfolg löste den anderen ab. Das Ergebnis von Albrechts ehrgeiziger, unrealistischer Politik war eine drückende Schuldenlast. Er starb 1547 im 59sten Lebensjahr und wurde in der Kirche zu Doberan beigesetzt.

Johann Albrecht I.
Sohn Albrechts VII.

Geb.: 25. Dez. 1525, gest.: 12. Febr. 1576, begraben zu Schwerin, Gemahlin: Anna Sophie, Tochter des Herzogs Albrecht von Preußen, gest. 6. Februar 1591, Söhne: Albrecht, Johann VII., Sigismund August

Regierungszeit: (zu Güstrow) 1547–1555 , (zu Schwerin) 1552–1576

Dieser Herzog war ein Förderer der Wissenschaften und Künste, von Schloßbauten (in Schwerin, Wismar, Gadebusch), Handel und Gewerbe. Er vollendete die Reformation in Mecklenburg und war führend beteiligt am Sieg der protestantischen Fürsten über Kaiser Karl V., wodurch der Augsburger Religionsfrieden erwirkt wurde.

Geschichtliche Daten

1555 Augsburger Religionsfrieden; 1556 Karl V. dankt ab, sein Sohn Philipp II. König von Spanien; Hunte auf Holzschienen in engl. Bergwerken; 1558 Elisabeth Königin von England; 1560 erste wiss. Gesellschaft in Neapel; Tabak nach Westeuropa; 1563 400 engl. Seeräuberschiffe kapern 600 franz. Schiffe im Kanal; Philipp II. schuldet Fugger 75 % seines Kapitals; P. Brueghels „Turmbau zu Babel“; erster Bücherkatalog auf Frankfurter Messe; 1565 Walzwerkvorläufer in England; Kartoffel von England nach Europa; 1568 Egmont von Alba hingerichtet, Beginn des Aufstands der Niederlande gegen Spanien und der ersten siegreichen bgl. Revolution in Europa; 1569 Weltkarte für Seefahrer von Mercator; 1572 Bartholomäusnacht in Paris, 2000 Prostestanten ermordet; Tycho Brahe entdeckt neuen Stern in der Milchstraße; 1575 Nürnberger Ei (Taschenuhr)

Johann Albrecht I. (1525–1576)
Ein glänzender Renaissancefürst

Das lebensgroße Idealbildnis Johann Albrechts, welches sich bis Mitte des 19. Jahrhunderts in der Kirche zu Lübz befand, entstand 1574 durch den aus Antwerpen stammenden Güstrower Hofmaler Peter von Boeckel. Es ist mit dem Porträt der Gemahlin Anna Sophie das älteste Original in der Ahnengalerie.

Der protestantische Landesfürst wirkt auf dem Gemälde, das ihn im Alter von 49 Jahren zeigt, relativ schlicht. Der Herzog ist im Stil der spanischen Mode gekleidet, die sich Mitte des 16. Jahrhunderts auch an den protestantischen Fürstenhöfen Deutschlands durchgesetzt hatte. Er trägt einen kurzen schwarzen Mantel mit hochgestelltem Kragen, darunter ein eng tailliertes Wams mit Stehkragen und eine nur aus Streifen bestehende kurze Hose. Sie ist in der deutschen Variante zur spanischen Mode recht sparsam mit feinem schwarzen Futter ausgestopft. Man nannte sie Pluderhose. Schwarze Strumpfhosen und geschlitzte Schuhe vervollständigen den Anzug. Das Gemälde zeigt eine elegante Erscheinung, die vieles vom Wesen dieser Persönlichkeit äußert.

Johann Albrecht war einer der glänzendsten Männer unter den Fürsten Mecklenburgs, ebenso kunstsinnig wie geistestätig, unternehmungslustig und von erstaunlichem Schaffensdrang. Er förderte Wissenschaft und Künste, belebte die Bautätigkeit und vollendete die Reformation in Mecklenburg. An der lutherischen Universität Frankfurt/Oder hatte er eine für seine Zeit vorzügliche Bildung genossen. Auf den damals beschwerlichen Reisen hatte er stets Bücher bei sich. Hofstaat und Räte mußten bei ihm über eine klassische Bildung verfügen. Er zog Gelehrte wie Johann Aurifaber heran (unter Luther Dozent in Wittenberg), David Chyträus (Reformator von Niederösterreich und Mitarbeiter an der Konkordienformel von 1577, die bis ins 20. Jahrhundert wirkte), Tilemann Stella, den schon zu Lebzeiten bekannten und geschätzten Mathematiker, Geographen, Vermesser und Karthographen, der auch die herzogliche Bibliothek einrichtete, für die wiederum Luther und Melanchthon Empfehlungen gaben. Mit letzteren pflegte der Herzog einen ebenso regen Briefwechsel wie mit

Johann Albrecht I. (1525–1576)
Original, vermutlich von Peter van Boeckel, 1574

Johannes Sturm, einem der bedeutendsten Schulmänner des Jahrhunderts, und Cosimo de Medici in Florenz. Dem Geist der Reformation entsprechend förderte er die Bildung in seinem Lande. Es entstanden höhere Schulen, die der Vorbereitung der künftigen Beamten auf den Staats- und Kirchendienst dienten. In Schwerin gründete er eine Fürstenschule und in Güstrow die Domschule. Johann Albrecht begann mit dem Aufbau einer künstlerisch leistungsfähigen Hofkapelle und gründete einen Schloßchor. Er ließ die am besten erhaltenen Häuser des Schweriner Schlosses restaurieren, auch jene, worin sich heute die Ahnengalerie befindet (das Restaurierte ist an den wertvollen Terrakotten – den plastischen Verzierungen aus rötlichem gebrannten Ton – erkennbar). Die Schloßkirche wurde ebenfalls während seiner Regentschaft erbaut.[7]) Wilhelm Jesse schrieb: „Es gelang ihm (J. Albrecht I.) in der Tat, seine kleine nordische Residenz zum Mittelpunkt einer feinsinnigen Gesellschaft zu machen, in deren Kreise sich der geistreiche und über die Grenzen des täglich Erreichbaren hinwegblickende Fürst gerne und frei bewegte. Ein nordisches Florenz hat man wohl damals Schwerin genannt."

Die Erziehung und die ihn – bei solch produktiver Politik – drängenden finanziellen Nöte brachten ihn eindeutig in die Richtung einer konsequenten lutherischen Reformation. Er beseitigte entschieden den Reliquienkult und hob die noch bestehenden Klöster auf, um die zur Kirche fließenden Reichtümer in die fürstliche Kasse zu leiten. Er ließ unter Mitwirkung von Melanchthon eine neue Kirchenordnung verfassen, die Gesetzescharakter trug und in anderen deutschen Ländern als Vorbild galt. Da viele Prediger das Hochdeutsch nicht beherrschten, wurde sie auch ins Plattdeutsche übertragen. Genauso energisch wirkte Johann Albrecht für die „Rahmenbedingungen" seiner Existenz und griff damit direkt in die Nationalgeschichte ein. 1552 nahm er mit Moritz von Sachsen am Feldzug gegen Kaiser Karl V. teil, nach dem der Kaiser resignierte und sich in ein Kloster zurückzog. So erkämpfte der Mecklenburger den Augsburger Religionsfrieden mit.

Johann Albrecht setzte also weitsichtig die Anfänge staatlicher Wirtschaftspolitik seit Magnus II. fort. Der Plan für eine Verbindung von Ost- und Nordsee wurde entworfen, ein Schiffahrtsweg für den Salztransport von

Lüneburg gegraben, das Land vermessen und karthographiert. Aber all das deckte nicht im entferntesten die Ausgaben. Der Herzog vermehrte die von seinem Vater hinterlassenen Schuldenlast beträchtlich. Um wenigstens einen Teil davon tilgen zu können und die Kosten zu begleichen, die bei den Kriegen entstanden, nahm er die Hilfe der Stände in Anspruch. Die forderten aber als Gegenleistung den Ausbau ihrer Rechte um die Mitbestimmung im Land.[8])
In seinem Testament legte Johann Albrecht I. 1573 schon aufgrund seiner persönlichen Erfahrungen im Streit um die Macht, auch mit seinem Bruder Ulrich, und dem daraus erwachsenden Schaden für das Land das Primogeniturrecht fest (Erb- und Nachfolgerecht des erstgeborenenen Sohnes und seiner Nachkommen).[9]) Damit suchte er einer Landesteilung vorzubeugen.
Der tatkräftige Landesfürst starb am 12. Februar 1576 im 50. Lebensjahr nach einer schweren Krankheit. Im Dom zu Schwerin wurde er in der Grabkapelle beigesetzt.

Anna Sophie (1538–1591)
Eine Herzogin im Prunkgewand

Das 1574 entstandene ganzfigurige Bildnis der Gemahlin Herzog Johann Albrechts I. zeigt, wie eine mit Perlen, Gold und Edelsteinen reich geschmückte mecklenburgische Edelfrau in der Zeit der Renaissance aussah. Auf dem Gemälde ist die 47jährige Herzogin, in der Literatur als überaus zierlich und klein beschrieben, in ihrem Prunkkleid dargestellt. Es ist im Stil der spanischen Mode gearbeitet und überreich mit Gold und eben mit Perlen bestickt. Spanien war Weltmacht, und so bestimmte Spanien auch die Mode der europäischen Fürstenhöfe. Also war es für die Landesfürstin des Herzogtums Mecklenburg geradezu eine Verpflichtung, den Mächtigsten der Welt an Prunk nachzueifern. Die feinen Webarbeiten, die Farben des glockenförmig bis auf den Boden herabfallenden kontrastreichen Ober- und Unterkleides sind mit Perlen, Gold und Edelsteinen bestickt. Aber auch die schwarze Kappe, das Haarnetz, die gitterartigen cremefarbenen Ärmel sind mit Perlen und Edelsteinen besetzt. Für die Feierlichkeiten zu seiner Vermählung mit Anna Sophie ließ Herzog Johann Albrecht I. extra den Fürstenhof in Wismar erbauen. 1550 gab er die Verlobung mit der 22jährigen Anna Sophie bekannt. Erst 1555, nach Beendigung der Bauarbeiten am Fürstenhof, heiratete er sie. Die Herzogin trat außerhalb ihrer Repräsentationsaufgabe wenig in Erscheinung. Anna Sophie überlebte ihren Gemahl um 15 Jahre. Sie verstarb 1591, 64jährig, auf ihrem Wohnsitz zu Lübz und wurde im Schweriner Dom beigesetzt. Das Bildnis ist neben dem Porträt ihres Gemahls das älteste Original in der Ahnengalerie. Der aus Antwerpen stammende Maler Peter von Boeckel (von 1561 bis 1598 in Schwerin nachweisbar), Hofmaler bei Johann Albrecht I., schuf es zu Lebzeiten der Herzogin. Daß das Porträt erhalten blieb, ist dem Archivrat F. Lisch zu verdanken. Er entdeckte es bei der Suche nach Originalen für die Ahnengalerie Mitte des 19. Jahrhunderts neben anderen Gemälden in der Kirche zu Lübz. [10])

Anna Sophie von Preußen (1538–1591)
Gemahlin von Herzog Johann Albrecht I., Original,
vermutlich von Peter van Boeckel, 1574

Ulrich III.
Sohn Albrechts VII.

geb.: 5. März 1527. gest.: 14. März 1603, begraben zu Güstrow, Gemahlinnen: 1. Elisabeth, Tochter des Königs Friedrich I. von Dänemark, Witwe von Herzog Magnus III., gest. 15. Oktober 1586, 2. Anna, Tochter des Herzogs Philipp I. von Pommern, gest. 10. September 1626, Söhne : keine

Regierungszeit: 1555–1603

Herzog Ulrich ließ 1558–1587 das Renaissanceschloß Güstrow erbauen.

Geschichtliche Daten

1581 Niederlande sagen sich von Spanien los; Automatenbau in Form von Lebewesen; 1582 Universität Würzburg als Mittelpunkt der Gegenreformation; Gregorianischer Kalender; 1583 Spielkartensteuer in Frankreich; 1586 Kolonisten aus Virginia bringen Tabakrauchen nach England; Maria Stuart hingerichtet; Volksbuch vom Doktor Faust gedruckt; 1588 Untergang der spanischen Armada (160 Schiffe), Beginn der engl. Seemacht; 1591 Shakespeares „Romeo und Julia“; Sägewindmühlen; Kegelbahn auf Volksfesten; 1592 engl. Schauspieltruppen nach Deutschland; 1598 Philipp II. gest., 100 Millionen Staatsschulden; „Schildbürger“ gedruckt; Edikt von Nantes, Religionsfrieden in Frankreich; Stalhof in London geschlossen, Niedergang der Hanse; 1600 Giordano Bruno verbrannt; Fernrohr in Holland; Alchemie; 1601 erste moderne Aktiengesellschaft (Holl. Ostindienkompagnie); Fallgesetze von Galilei; 1603 Elisabeth von England gestorben

Ulrich III. (1527–1603)
Kopie von Theodor Fischer, Mitte 19. Jh.

Ulrich III. (1527–1603)
Ein besonnener Herzog

Die Kopie von Theodor Fischer zeigt Herzog Ulrich von Mecklenburg-Güstrow in auffallend prunkvoller Kleidung im Stil der spanischen Mode. Als Vorlage diente ein 1587 entstandenes Ölgemälde aus dem Doberaner Münster. Der Niederländer Cornelius Crommeny (geb.in Niederlanden, gest. nach 1598), Hofmaler des Herzogs, hatte das ganzfigurige Idealbildnis im Auftrage seines Herrn geschaffen, als dieser im 60.Lebensjahr stand. Der damaligen Renaissancemode gemäß wurde eine Fülle kostbarer Samt-, Brokat- und Altlasstoffe verwandt. Je nach Wunsch korrigierte man modebewußt die Leibesfülle. Ausgestopft wurden die Waden, das Wams und die Hose, Pluderhose genannt. Sichtbar wird dieses „Unterfutter“ auf dem Gemälde in Form des beutelartig herabhängenden in sich gemusterten goldgelben Atlasstoffes, der durch die schwarzgemusterten Goldbrokatenstreifen der Oberhose hervorquillt.[11]) Auf dem Gemälde erkennt man, daß die ursprüngliche Braguette (Schambeutel, Hosenlatz) inzwischen zum schleifenartigen Vorsatz wurde.
Im Unterschied zum Bruder Johann Albrecht I. war Ulrich ein sparsamer Landesherr, der das Machbare durchzusetzen suchte. Seine solide Erziehung, er hatte Jura und Theologie studiert, und sein wacher Geist bewahrten ihn vor großartigen Vorhaben, die das Land noch tiefer verschuldet hätten. Er versuchte die Entwicklung des Herzogstums allseitig zu fördern. Die beiden Thronerben gerieten in schwere Konflikte miteinander, da sie unterschiedliche Auffassungen über das Landeswohl hatten. Jeder beharrte missionsbesessen auf seinem Standpunkt. Ein offener Bruderkrieg drohte auszubrechen. Ulrich hatte bereits Truppen geworben und gemeinsam mit Heinrich von Braunschweig Ämter Mecklenburgs besetzt. Die Residenzstadt Schwerin glich einer Festung. Den Ständen gelang es, vermittelnd einzugreifen, und der Kurfürst Joachim von Brandenburg erzielte eine Einigung zwischen den Herzögen. Durch den „Ruppiner Machtspruch“ vom 1. August 1556 erhielt Ulrich den Landesteil seines Vaters Albrecht in Güstrow, während Johann Albrecht in Schwerin residierte. Die Zwistigkeiten zwischen den Landesherren schwächten die landesherrliche Macht

und hatten langanhaltende negative Auswirkungen für das Land. Die hohen Staatsschulden wurden teilweise von den Ständen beglichen. Als Gegenleistung waren die Herzöge gezwungen, ihnen weitere politische und ökonomische Rechte in den Reversalen von 1555 und 1572 zuzuschreiben. Die Ritterschaft bildete einen Ausschuß, gewissermaßen eine zweite Regierung des Landes, die die Steuergelder sowie deren Ausgaben kontrollierte. Als dann 1572 die Herzöge dem Adel das Recht einräumen mußten, ihre Lehnsgüter verkaufen oder vererben zu dürfen, war faktisch die Abhängigkeit des niederen Adels vom Landesherrn aufgehoben.

Herzog Ulrich zeigte lebhaftes Interesse für die Wirtschaft. Um die Kassen aufzufüllen, versuchten er und sein Bruder Handel zu betreiben, jedoch ohne den gewünschten Erfolg.[12]) Ulrich brachte aber Ordnung in den Landeshaushalt. Regelmäßige Bestandsaufnahmen in seinem Domanium gewährleisteten ständig einen Einblick und Überblick über die Wirtschafts- und Finanzlage. Befehle, die erlassen wurden gegen raubende Landsknechte, konnten ein friedliches Leben in seinem Herschaftsgebiet zwar nicht sichern, jedoch befördern. Eine neue Polizeiordnung wurde durchgesetzt. Mit diesen Aktivitäten versuchte Ulrich, das Staatswesen neu zu ordnen.

Während seiner Regierungszeit entstand der Neubau des repräsentativen Güstrower Schlosses. Als Baumeister stellte Ulrich den erfahrenen Architekten Franziskus Parr ein, der aus einer oberitalienischen Bauhandwerkerfamilie stammte.

Die Besonnenheit des Herzogs bei all seinen Unternehmungen machte sich bezahlt. Sein Herrschaftsbereich Mecklenburg-Güstrow war am Ende der Regierungszeit nicht so zerrüttet und verschuldet wie der Landesteil Johann Albrechts I., dessen Schulden Ulrich nach dem Tode des Bruders übernehmen mußte. Als Vormund der Söhne seines Bruders regierte Herzog Ulrich von 1576 bis zu seinem Tode 1603 beide Landesteile.

Karl I.
Sohn Albrechts VII.

Geb.: 28. September 1540, gest. 22. Juli 1610, begraben zu Güstrow, Gemahlin: ohne, Söhne : keine

Regierungszeit: (als Vormund) 1603–1610

Karl war ein gutmütiger Herzog, dem die Herrschaft für kurze Zeit durch die Umstände aufgedrängt wurde.

Geschichtliche Daten

1605 Cervantes' „Don Quijote"; Australien entdeckt; 1607 erste engl. Kolonie in Nordamerika, mit Tabakanbau und Negersklaverei; Prügelstrafe in deutschen Schulordnungen; „Union" als Schutzbündnis der protestantischen Stände gegen den deutschen Kaiser gegr.; 1609 Katholische „Liga" gegen „Union" gebildet; Keplersche Gesetze; Fernrohr Galileis; erste regelmäßige Zeitungen in Augsburg und Straßburg; Rubens Hofmaler in Antwerpen; 1610 Galilei entdeckt Jupitermonde; der tolerante Heinrich IV. von Frankreich („Paris ist eine Messe wert") ermordet.

Karl I. (1540–1610)
Ein gutmütiger und wohltätiger Herzog

Über Herzog Karl ist nur wenig überliefert. Er ist der jüngste Sohn Albrechts VII.. Sein Bildnis in der Ahnengalerie ist eine Kopie nach einem ganzfigurigen Gemälde des Daniel Block (von 1612–1650 in Schwerin nachweisbar) aus dem Jahre 1613. Der damaligen Mode gemäß verzierten Perlen und Goldborten Wams und Pluderhosen aus grün-schwarz gemustertem Stoff. Selbst die roten Stoffrosetten auf Hose und Lederschuhen sind überreich mit kostbaren Perlen bestickt. Das im starken Kontrast

Karl I. (1540–1610)
Kopie von Theodor Fischer, Mitte 19. Jh.

zur spitzenbesetzten weißen Halskrause stehende dunkle Haupthaar und der Bart lassen den Herzog streng, fast mephistohaft wirken. Doch war er im Gegensatz zu seinen Brüdern eher bescheiden und genügsam.
Während die Brüder um Erbangelegenheiten und Machtansprüche kriegerische Auseinandersetzungen und Prozesse führten, machte Herzog Karl keine Erbansprüche geltend, nahm auch an keinerlei Kämpfen teil. Er gab sich diskussionslos mit den zwei Ämtern zufrieden, die man ihm 1571 übertrug, Wredenhagen und Neukalen, später gegen Broda und Wesenberg umgetauscht.
Er wirkte als Administrator des Bistums Ratzeburg nach dem Tod seines Bruders Chistoph von 1592 bis 1610. Die Johanniterkomturei Mirow wurde ihm ebenfalls zugesprochen. Nach dem Tode Ulrichs 1603 folgte er ihm in der Herrschaft Güstrow. Alle regierenden und sich um die Macht reißenden Brüder waren vor ihm gestorben, und so fielen ihm Macht und Gebiet zu, worum er sich nie bemüht hatte. Als Vormund seiner Neffen übernahm er bis zu deren Volljährigkeit 1607 auch die Herrschaft Mecklenburg-Schwerin.
Über Herzog Karl wird berichtet, daß er auffallend wohltätig und ausgleichend war. Besonders zugetan war er der Landwirtschaft. Seine Ämter sollen sich in auffallend gutem Zustand befunden haben.
Als er einmal einen Bauern sah, der mit einer Kuh pflügte, schenkte er ihm ein Pferd. Auch bei den Sitzungen des Hofgerichtes soll er die sich streitenden Parteien gütlich geeinigt haben, sogar das strittige Geld streckte er manchmal vor.
Herzog Karl war nicht verheiratet, hatte aber Kinder, um die er sich auch kümmerte. So stattete er vorzüglich die sechs Tage dauernde Hochzeit einer seiner unehelichen Töchter, Margarethe von Mecklenburg, aus. Man bestellte und bezahlte für diese Hochzeit: „18 Ochsen, 14 Kälber, 145 Hammel, 17 Schweine, 169 Gänse, 412 Hühner, 307 Würste, 64 Drömt Hafer, 42 Schock Krebse, für 160 Fl. Gewürze und Konfekt für 72 Fl., 140 Tonnen Bier, 4125 Liter Rheinwein. . .".
Der Herzog starb am 16.April 1610 im 71. Lebensjahr. Im Dom zu Güstrow wurde er beigesetzt.

Johann VII.
Sohn Johann Albrechts I.

Geb.: 7. März 1558, gest.: 22. März 1592, begraben zur Lübz, Gemahlin: Sophie, Tochter des Herzogs Adolf von Schleswig-Holstein-Gottorp, gest. 14. November 1634, Söhne: Adolf Friedrich I., Johann Albrecht II.

Regierungszeit: 1585 – 1592

Johann regierte nur kurze Zeit. Er schied aus dem Leben durch Selbstmord.

Geschichtliche Daten
(siehe Herzog Ulrich III.)

Johann VII. (1558–1592)
Zwei Frauen mußten für ihn sterben

Herzog Johann Albrecht I. vererbte den Landesteil Mecklenburg-Schwerin seinem Sohn Johann, der nach dem Tod des Vaters (1576) noch minderjährig war. 1585 übernahm er dann die Regierungsgeschäfte, das heißt, sie wurden ihm übertragen. Gerecht werden konnte er den Anforderungen, die an einen Landesherren gestellt werden, nicht. Die drückende Schuldenlast und nicht zu bewältigende Probleme ließen den jungen Regenten mehrfach kapitulieren und trieben ihn schließlich in den Selbstmord. Vermutlich trug auch der Streit mit seinem Oheim Christoph, der ununterbrochen Ansprüche auf einen größeren Anteil des Landes geltend machte, mit dazu bei, daß Johann resignierte. Schon 1590 hatte er, „des ewigen Haders müde“, die Regierung niederlegen und außer Landes gehen wollen.[13])
Der christlichen Religion nach war nun Selbstmord eine Todsünde. Um trotzdem eine Möglichkeit zu finden, den Landesherren mit allen Ehren

bestatten zu können, behauptete man, er sei ermordet worden. Der Teufel, mit zwei Frauen aus Schwerin verbündet, hätte unsichtbar die Hand des Unglücklichen geführt. Beide wurden grausam gefoltert. Die eine, Katharina Wankelmuth, starb unter der Folter. Die mitangeklagte Magdalena Rukitz erlitt den Feuertod auf dem Scheiterhaufen.
In der heiligen Blutskapelle in Dom zu Schwerin wurde der nur 34 Jahre alt gewordene Herzog Johann VII. beigesetzt.
Als Vorlage für das Gemälde in der Ahnengalerie wählte F. Lisch ein Bildnis vom Grabmahl der Herzogin Sophie aus der Kirche zu Lübz.

Johann VII. (1558–1592)
Kopie von Theodor Fischer, Mitte 19. Jh.

Herzogin Sophie (1569–1634)
Betrogen, verleumdet, verkannt und gemieden

Das lebensgroße Ölgemälde der Herzogin fand Lisch an ihrem Grabmahl. Er nennt den aus Holland stammenden Maler Daniel Block als Schöpfer. Das Bild zeigt die Herzogin im reiferen Alter.

Am 17. Februar 1588 wurde die neunzehnjährige Prinzessin Sophie (1569–1634), Tochter Herzog Adolfs von Schleswig-Holstein-Gottorp, mit dem dreißigjährigen Herzog Johann VII. von Mecklenburg-Schwerin vermählt. Durch das frühe unglückselige Ende ihres Gemahls war sie bereits mit 23 Jahren Witwe. Ihre Söhne Adolf Friedrich und Johann Albrecht waren zu diesem Zeitpunkt zwei und vier Jahre alt. Die Verwaltung des Landes wurde Beamten übertragen, die allerdings nur auf den eigenen Vorteil bedacht waren. Sie sollen sogar dem Sophie zugewiesenen Witwensitz Lübz alles Brauchbare entnommen haben. Die Herzogin fand nur verfallene Baulichkeiten und altes und zerissenes Leinen- und Bettzeug vor. Dem Bericht und eigenen Tagebuchaufzeichnungen zufolge führte Sophie ein für fürstliche Verhältnisse karges Dasein, betrogen und verleumdet von den Räten und Verwaltern des Landes, verkannt und gemieden von ihren eigenen Söhnen. Als diese erwachsen waren und das Land regierten, warfen sie ihr vor, das Geld, welches sie angeblich besaß, zu horten und mit ihrem Geiz das Land ins Unglück zu stürzen. Wenn sie ihre Mutter in Lübz besuchten, was äußerst selten vorkam, dann nur, um Geld von ihr zu fordern.

Als die Regenten Adolf Friedrich I. und Johann Albrecht II. im Verlauf des 30jährigen Krieges des Landes verwiesen wurden und Wallenstein als Herzog regierte, wurde ihr Witwensitz gewissermaßen die „Exilregierung“. 1634 starb Sophie 65jährig in Lübz, wo sie das Schloß hatte errichten lassen. In der Kirche zu Lübz wurde sie auch bestattet.

Sophie von Holstein (1569–1634)
Gemahlin von Herzog Johann VII.,
Original, von Daniel Block (?), um 1635

Adolf Friedrich I.
Sohn Johanns VII.

Geb.: 15. Dezember 1588, gest.: 27. Februar 1658, begraben zu Schwerin, Gemahlinnen: 1. Anna Marie, Tochter des Grafen Enno III. von Ostfriesland, gest. 5. Februar 1634; 2. Marie Katherine, Tochter des Herzogs Julius Ernst von Braunschweig zu Dannenberg, gest. 1. Juli 1665, Söhne: Christian (Louis)I., Karl, Johann Georg, Gustav Rudolf, Friedrich, Bernhard Sigismund, Adolf Ernst, Philipp Ludwig, Heinrich Wilhelm, Adolf Friedrich II.

Regierungszeit: (unter Vormundschaft ab 1592) 1606–1658

Dieser Herzog brachte mit seinem Bruder Johann Albrecht II. die zweite Hauptlandesteilung zustande. Nach Wallensteins Vertreibung 1631 machte er dessen Reformansätze zunichte. Im Westphälischen Frieden mußte er Wismar, Poel, Neukloster und den Zoll von Warnemünde abtreten. Das Land war nach dem Dreißigjährigen Krieg ruiniert.

Geschichtliche Daten

1615 Galilei erstmals vor Inquisition; 1618 30jähriger Krieg beginnt; 1619 Batavia auf Java von holl. Ostindien-Kompagnie gegr.; 1620 Puritaner gründen Neu-England; Campanellas „Sonnenstaat“; Thermometer; 1623 Akademiegründung in Rostock; 1627 Wallenstein belagert vergeblich Stralsund; 1628 Wallenstein Herzog von Mecklenburg; 1634 Wallenstein ermordet; 1635 Prager Friede, auch mit Mecklenburgs Fürsten; Bündnis Frankreichs mit Schweden gegen den Kaiser; Rembrandts Selbstbildnis mit Saskia; Rubens’ Bathseba; 1640 Beginn der engl. Revolution; Schallmessung; Kaffeehäuser in Europa; 1648 Westphälischer Friede beendet 30jährigen Krieg, in Mecklenburg ganze Bauerndörfer vom Erdboden verschwunden oder wüst; 1649 öffentliche Hinrichtung Karls I. von England; 1654 Guerickes „Magdeburger Halbkugeln“; 1658 Tod Cromwells

Adolf Friedrich I. (1588–1658)
Ein skrupelloser Herrscher

Als Vorlage für das Gemälde des Herzogs diente ein um 1635 entstandenes vermutlich von dem Hofmaler Daniel Block geschaffenes Porträt, das Lisch in einer Bodenkammer des alten Schweriner Schlosses gefunden hatte. Die Schultern des Herzogs werden von einem breiten Spitzenkragen bedeckt, die Stulpenmanschetten und selbst die Beinlinge der weiten Kniehose aus feingemustertem schwarzen Brokatstoff sind reich mit Spitzen verziert. Entsprechend der aufgelockerten spanischen Mode, die während des Dreißigjährigen Krieges in Deutschland beim Adel üblich war, trägt Adolf Friedrich helle, über die Waden reichende Lederstiefel mit vergoldeten Sporen. Ein Zierstock ist ihm zur Hand, auf den er sich leicht stützt, vom Schwert sieht man nur den Knauf.

Adolf Friedrich und sein Bruder Johann Albrecht II. wurden 1606 bzw. 1608 vorzeitig vom Kaiser für volljährig erklärt, um die Regierung von Mecklenburg zu übernehmen. Über ein Jahrzehnt stritten sich die nun mündigen Brüder. 1621 brachten sie die zweite Landesteilung in Mecklenburg-Schwerin und Mecklenburg-Güstrow zustande.

Mecklenburg geriet, nunmehr geteilt und schwach, in den Dreißigjährigen Krieg und wurde darin fast zermahlen. Die Hälfte der Einwohner kam ums Leben, durch das Schwert oder durch Seuchen, Pest, Foltermethoden und Hungersnöte. Die mecklenburgischen Herzöge, die sich auf die Seite des Dänenkönigs gestellt hatten, verloren bald ihr geteiltes Land an den kaiserlichen Feldherrn Albrecht Graf von Wallenstein, Herzog von Friedland und Sagan und nun auch von Mecklenburg. Doch Wallensteins Herrschaft in Mecklenburg währte nicht lange; denn Schwedens König Gustav Adolf „befreite“ Mecklenburg von seiner Herrschaft. Was Wallenstein an Reformen und Neuem zur Förderung des Handels und der Wirtschaft sowie der Verwaltung in Mecklenburg geschaffen hatte (wie einheitliche Maße und Gewichte, reformierte Rechtssprechung, Verwaltung und Armenpflege u.a.m.), machte Herzog Adolf Friedrich mit peinlicher Genauigkeit zunichte, selbst wenn es zum Vorteil des Landes und des Fürsten gewesen wäre.[14])

Adolf Friedrich I. (1588–1658)
Original, von Daniel Block (?), um 1635

Marie Katharine von Braunschweig (gest. 1665)
2. Gemahlin von Herzog Adolf Friedrich I.,
Original, von Daniel Block (?), um 1635

Herzog Adolf Friedrich soll Überlieferungen zufolge gegenüber seinen Mitmenschen und seinen Untertanen brutal und völlig herzlos vorgegangen sein. Die Wirren des Krieges, das Elend im Lande, die ständige Geldnot, der jahrelange Streit mit dem Bruder um die Teilung der Herrschaft, charakterliche Veranlagung und das geistige Mittelmaß mögen die Ursache dafür sein, daß er wenig oder gar kein menschliches Mitgefühl besaß. Mörder, Betrüger, Schwindler, Ehebrecher ließ er unterschieds- und erbarmungslos köpfen oder hängen. Die anerzogene und im Amt auch gewachsene Arroganz des Mächtigen zerstörte selbst die persönlichen Beziehungen zu den nächsten Angehörigen. Seine Mutter beleidigte und demütigte, den Bruder mißachtete er, seinen erstgeborenen Sohn, den Erbprinzen Christian, behandelte er so brutal, daß diesem bis an sein Lebensende der Aufenthalt im Schweriner Schloß verleidet war. Den dreijährigen Sohn (Gustav Adolf) seines 1636 verstorbenen Bruders Johann Albrecht II. nahm Adolf Friedrich gewaltsam von der Mutter fort in eigene Vormundschaft. Dessen Mutter schikanierte er und machte ihr das Leben im Schloß Güstrow zur Hölle.

1658 starb Adolf Friedrich. Dem Wunsch, in Doberan bestattet zu werden, kam sein Sohn Christian nicht nach. Erst 1692 ließ Herzog Friedrich Wilhelm die sterblichen Reste seines Großvaters in Doberan beisetzen.

Christian (Louis) I.
Sohn Adolf Friedrichs I.

geb.: 1. Dezember 1623, gest.: 21. Juni 1692, begraben zu Doberan, Gemahlinnen: 1. Christine Margarethe, Tochter Johann Albrechts II., von Mecklenburg-Güstrow, geschieden 1663; 2. Isabelle Angelique, Tochter des Grafen von Luze, Franz III. von Montmorency-Bouteville, gest. 1695, Söhne: keine

Regierungszeit: 1658–1692

Christian Louis I. war ein Abenteurer auf dem Thron. Er hielt sich zumeist am Hofe des Sonnenkönigs Ludwig XIV. auf und „regierte" das Land per Brief.

Geschichtliche Daten

1660 Vermeer von Delfts „Briefleserin"; 1661 Ludwigs XIV. absolute Herrschaft beginnt („Sonnenkönig"); 1665 Beginn der Soldatenverkäufe; 1688 Oder-Spree-Kanal; 1669 Grimmelshausens „Simplizissimus"; Stradivaris Geigen; 1670 Pietismus durch Spener begründet; 1672 „Holländischer" Krieg Frankreichs , Schwedens u.Englands gegen Niederlande u.a.; Newton zerlegt Sonnenlicht; 1675 Schlacht bei Fehrbellin, Brandenburg siegt über Schweden; Entdeckung der Einzeller; Paris kultureller Mittelpunkt Europas; 1679 engl. Parlament erläßt Gesetz zum Schutz der Persönlichkeit gegen Königsgewalt; 1685 letzte Schlacht auf englischem Boden; Hugenotten fliehen aus Frankreich; 1686 Kriegsbündnis des deutschen Kaisers mit Schweden, u.a. gegen Frankreich; Newtons Gesetze der Gravitation, Kraft, Trägheit und Impulserhaltung; 1688 Revolution in England, Beginn der konstitionellen Monarchie, freies Unternehmertum; 1690 John Lockes „Versuch über den menschlichen Verstand"; Dampfmaschine Papins; 1692 engl.-holl. Flotte siegt über Frankreich

Christian (Louis) I. (1623–1692)
Der sonderbarste Charakter auf dem Thron

Eine dunkle Lockenperücke umrahmt das gepuderte und geschminkte Gesicht des lächelnden Herzogs auf dem Porträt in der Ahnengalerie.[15])
Das vorn verknotete Spitzenjabot (Vorläufer der Krawatte) bedeckt einen Teil der breiten blauen Schärpe über dem Zierpanzer.
Der Herzog wirkt auf dem Brustbild nicht wenig arrogant und überheblich. Das ist tatsächlich ein bedeutsamer Wesenszug, den ein unbekannter französischer Maler Ende des 17. Jahrhunderts auf die Leinwand

bannte. Christian Louis wird von dem mecklenburgischen Geschichtsschreiber Ernst Boll als „der sonderbarste Charakter in der ganzen langen Reihe der mecklenburgischen Fürsten“ bezeichnet. Schon als Knabe sei er „sehr unbändigen Gemüts, aller Zucht widerstrebend, störrig gegen Ermahnungen, nachlässig und träge, unbescheiden und unlenksam gewesen“, so sein Zeitgenosse Christian Backmeister. Der Herzog galt als unverträglich und zerstritt sich mit jedem, mit dem er in Berührung kam, ohne Ausnahme, mit seinem Vater, den Brüdern, den Schwestern, seinen beiden Ehefrauen, den Ständen. Ja, selbst sein Idol, den Sonnenkönig Ludwig XIV., an dessen Hof er sich während seiner gesamten Regierungszeit zumeist aufhielt, dem zu Ehren er sich den Beinamen Louis gab, dem er 1672 3 000 geworbene Soldaten aus Mecklenburg für den Krieg gegen Holland zur Verfügung stellte, selbst diesen brachte er dermaßen gegen sich auf, daß der König ihn ins Gefängnis werfen ließ. Es gab niemanden, der sich nicht über ihn beklagte. Er ließ nichts außer seinem eigenen Willen gelten. Er verklagte sogar den Vater beim Kaiser, weil dieser ihn, den erstgeborenen Sohn, nicht als Alleinerben einsetzen wollte. Das Testament des Vaters, in welchem auch die Geschwister bedacht waren, ignorierte er und machte ihnen das Erbe streitig. Der Schwester Sophie nahm er das Kloster Rühn, welches ihr vom Vater überschrieben war. Erst nach einem 12 Jahre währenden Prozeß gelangte sie in den Besitz des inzwischen stark verschuldeten Klosters. Die säkularisierten Bistümer Ratzeburg und Schwerin überließ er nicht, wie vom Vater angeordnet, den beiden jüngeren Brüdern Karl und Johann Georg, sondern er behielt sie. Mehrere Jahre hielt er keine Landtage ab. Damit wollte er die Stände strafen, die sich weigerten, Steuergelder für den Unterhalt des mecklenburgischen Truppenkontigents zu zahlen und ihn nicht aktiv im Streit gegen seinen Vater unterstützt hatten. Selbst eine kaiserliche Kommission, die zur Beilegung der Streitigkeiten zwischen dem Herzog und den Ständen 1684 ins Land kam, konnte diese nicht beheben. Argwöhnisch ließ er seine Räte und Diener untereinander überwachen. Niemandem gönnte er etwas und traute keinem Gutes zu. Da er sich fast während seiner gesamten Regierungszeit im Ausland, vornehmlich in Paris, aufhielt, konnte er das Land mehr schlecht als recht regieren. Nach einem Zwist mit dem Son-

nenkönig um die Festung Dömitz, in dessen Gefolge es zu der bereits erwähnten Gefängnishaft Christians gekommen war, und wegen des Krieges zwischen Deutschland und Frankreich konnte der mecklenburgische Herzog nicht mehr am Versailler Hof bleiben. Nach Schwerin zog es ihn nicht zurück, so begab er sich 1688 nach Holland, wo er seinen Wohnsitz im Haag nahm. Hier endete der selbstherrlich energische und bis zum Geiz sparsame Christian Louis auf bedauernswerte Weise an Aussatz im Alter von 69 Jahren.[16]) Sein Leichnam wurde nach Doberan überführt und in der Fürstengruft beigesetzt.
Nach seinem Tode kam die große Überraschung: Er hinterließ dem herzoglichen Hause ein Vermögen von 700 000 Talern, sagt die Legende, jedenfalls muß es für mecklenburgische Verhältnisse eine außergewöhnlich hohe Summe gewesen sein. Die vor ihm regierenden Landesherren hatten fast ohne Ausnahme einen mehr oder minder gewachsenen Schuldenberg hinterlassen.

Isabelle Angelique (1626–1695)
Sie wollte Mecklenburg plündern

Christian Louis war der einzige mecklenburgische Herzog, dem beide Frauen davon liefen. Offenbar besaß er eine Vorliebe für Witwen. Von der Cousine Christine Margarete von Mecklenburg-Güstrow, seiner Jugendliebe, erhielt er 1647 das Jawort, da war sie schon fünf Jahre Witwe des Herzogs Franz Albrecht von Sachsen-Lauenburg. Vom eigenen Vater Herzog Adolf Friedrich aber bekam Christian keine Einwilligung zu dieser Ehe, wegen der nahen Verwandtschaft und weil Christine eine Ketzerin, nämlich eine Reformierte, war. Aber keine Testamentsänderung, kein väterlicher Fluch wirkten, der Kaiser und die Stände waren machtlos – Christian heiratete seine um acht Jahre ältere Base, heimlich, ohne den Segen des Vaters, am 6. Juli 1650 in Hamburg.
Als der Vater 1658 gestorben und Christian nun Herzog war, suchte er nach einer günstigeren Heiratsschance. In Deutschland, in Frankreich. Ohne

Christian (Louis) I. (1623–1692)
Original, unbekannter französischer Meister,
um 1670

Isabelle Angelique von Montmorency-Bouteville (1626–1695)
2. Gemahlin von Herzog Christian (Louis) I.,
Original, französischer Bildnismaler, Ende 17. Jh.

geschieden zu sein. Geld, Gönner und ein Erbe waren sein Wunsch. Seine Gemahlin hatte nichts davon und war vor ihrem Mann geflohen, willigte aber auch in keine Scheidung ein, bevor sie ihre Güter nicht zurückbekommen hätte. Christian jedoch gab sie nicht her und verklagte sie, ihn „böswillig" verlassen zu haben. Der Scheidungsrichter entschied, daß Christine zurückzukehren hatte. Doch sie kam nicht. Für den Herzog war es Grund genug, sich als geschieden zu betrachten, die Güter zu behalten und sich weiterhin auf Freiersfüße zu begeben. Nun gegen den Willen des französischen Königs und aller Verwandten heiratete Christian Louis I., wieder heimlich, zu mitternächtlicher Stunde, die 37jährige Isabelle Angelique, seit 14 Jahren Witwe des französischen Herzogs Coligny-Chatillon. Man war empört. Erst als Christine 1666 starb und das „junge Brautpaar" sich auf Wunsch des Königs Ludwig XIV. erneut trauen ließ, legte sich die Entrüstung in Mecklenburg und Frankreich über das „Konkubinat".

Christian und Isabelle

In Isabelle Angelique findet Christian seinen Meister. Der Ehepakt mit der schönen und geliebten Französin sieht vor: Vollständige Gütertrennung und Haftung des Gatten mit dem gesamten Besitz für das Vermögen der Herzogin (ihre hohe Verschuldung war dem Herzog zum Zeitpunkt der Vertragsunterzeichnung nicht bekannt); im Falle von Christians Tod die Festung Dömitz als Witwensitz und uneingeschränkte Regentschaft über Mecklenburg für Isabelle Angelique. Der Herzog muß sehr verliebt gewesen sein, er unterzeichnet sogar für den Erhalt von 400 000 Livres Mitgift, die er nie bekommen wird, die seine Gemahlin später jedoch einklagt. Christian Louis hält diesen Vertrag geheim, hoffend, auch diesmal wieder nach Gutdünken walten zu können. Aber Isabelle ist er nicht gewachsen. Sie sucht und findet einen Grund zur Klage. Der Chatelet spricht Recht, und zwar so, daß der Herzog nun eigentlich ein armer Mann ist. Bevor Christian wutentbrannt etwas gegen den Urteilsspruch unternehmen kann, weiß die Frau den ansonsten unberechenbaren Mann zu besänftigen, nicht durch Schuldgefühle oder Versprechungen, alles rückgängig zu machen, sondern durch – Liebesbeteuerungen.[17]) Ist es ein Wunder, daß Christian bei so vielen tückischen Ränken mißtraurisch wird, überall Verrat wittert, zumal sich in Isabelles Nähe ein charmanter Herr Kammerjunker v. Bernstorff aufhält, von hohen geistigen Gaben und gewandtem Wesen, der in auffallender Weise das Vertrauen der schönen Herzogin genießt?

Schon lange leben die Eheleute getrennt, zwischenzeitliche Versöhnungen dauern nur Stunden, selten mehr als einige Tage. Allein die ständigen Prozesse halten den Kontakt zwischen ihnen aufrecht. Als Christian (Louis) I. nach Holland geht, bemüht sich die tatkräftige Gattin beim französischen König um die Verwaltungsrechte für Mecklenburg. Bei ihrem ersten und einzigen Aufenthalt in Schwerin – einige Jahre zuvor, von Christian kurzzeitig als Regentin zurückgelassen, ihrem Mann schon damals das Geld für die Rückreise nach Mecklenburg verweigernd, ihm nicht einmal Kredit einräumend, von der Gewährung der geforderten Gütermeinschaft ganz zu schweigen – hatte sie das Schloß bereits halbwegs leer geräumt. Doch Ludwig XIV. schlägt die Bitte ab, ihr Ziel, sich den ganzen verwertbaren Reichtum Mecklenburgs anzueignen, ist zu offensichtlich, und der König kann gerade keine politischen Verwicklungen mit dem Mecklenburger Herzog gebrauchen. Auch der Versuch, nach dem Tode des Gemahls dessen Hinterlassenschaft von 700 000 Taler an sich zu reißen, schlägt fehl. Aber: Die schöne Isabelle Angelique besitzt so viel, daß man sie später für 200 000 Francs beisetzen kann.

Das Brustbild der damals als überaus schön geltenden Herzogin entstand Ende des 17. Jahrhunderts durch die Hand eines unbekannten französischen Malers. Das volle Gesicht der Herzogin wird von dunklen, lockigen, mit Perlenschnüren zusammengehaltenen Haaren umrahmt. Eine Perlenkette schmückt auch das tief ausgeschnittene Dekollete. Passend zu ihren braunen Augen ist die Farbe des perlenbesetzten Kleides. Mit weicher Hand hält sie einen hermelinbesetzten Umhang vor der Brust zusammen. Ein wenig blickt sie schon auf dem Betrachter herab, aber niemand, der ihr Leben nicht kennt, wird ahnen, wie berechnend und rücksichtlos diese Fürstin im Leben war.

Friedrich
Sohn Adolf Friedrichs I.

geb.: 13. Februar 1638, gest.: 28. April 1688, begraben zu Schwerin; Gemahlin: Christine Wilhelmine, Tochter des Landgrafen Wilhelm Christoph von Hessen-Homburg zu Bingenheim, gest. 1722; Söhne: Friedrich Wilhelm, Karl Leopold, Christian Ludwig II.

Regierungszeit: ohne, aber stammerhaltend

In dem vom Dreißigjährigen Krieg zerstörten und durch Christian (Louis) I. vernachlässigten Land rang Friedrich lange um die Herrschaft. Er wurde der stammerhaltende Herzog für Mecklenburg, erst seine Söhne kamen auf den Thron.

Geschichtliche Daten
(siehe Christian Louis I.)

Friedrich (1638–1688)
Ungestümer Drang nach Mitherrschaft

Die beiden Brustbilder des Herzogs Friedrich und seiner Gemahlin Christine Wilhelmine von Hessen-Homburg entstanden im 17. Jahrhundert. Sie wurden von einem unbekannten deutschen Meister geschaffen, in der Art von Antoine Pesne.[18]) Es sind ausgezeichnete Porträts von großer Ausstrahlungskraft, Zeugnis handwerklicher Meisterschaft und künstlerischer Einfühlung.
Herzog Friedrich, seit 1667 Domherr zu Strasburg, residierte auf dem Schlosse zu Grabow. Die Stadt hatte in den Wirren des Dreißigjährigen Krieges ebenso gelitten wie die anderen Dörfer und Städte des Landes. Es fehlte an allem, an Geld und an Menschen, die Steuern und Pacht hätten zahlen können. Krieg, Hungersnöte, Seuchen – für den mecklenburgischen

Fürsten war es fast unmöglich, standesgemäß zu leben. So nutzte er alle ihm zur Verfügung stehenden Mittel, um seine Rechte durchzusetzen und nach Möglichkeit zu erweitern. Er führte jahrelange Prozesse gegen seinen regierenden Bruder, beteiligte sich an eventuell gewinnbringenden Kriegszügen, warb sogar Soldaten für andere Herren.
Sein Bruder Christian dagegen erließ ein scharfes Verbot von Werbungen im eigenen Land. Nicht etwa, um seine Landeskinder zu schonen, sondern weil er hier selber warb, um – auch in der Hoffnung auf Gewinn – an Frankreichs Seite gegen Holland zu kämpfen. Da holte sich Friedrich weitere Soldaten aus der Prignitz und focht für Holland gegen Frankreich. Nur der Zufall hinderte, daß sich beide Brüder direkt im Felde gegenüber standen. Beinahe wäre Friedrich Adminstrator des Landes Mecklenburg geworden. Er wollte sogar mit Truppen nachhelfen; doch der Plan scheiterte. Das Verhältnis zwischen dem regierenden Christian und seinem Bruder war also nicht das beste. Der eigensinnige und starrköpfige Christian sah sich schließlich von Friedrich in die Enge getrieben, so daß er mit ihm einen Vergleich schloß, in welchem er ihm die Erbfolge zusicherte. Allerdings geschah das erst, als Christian die Hoffnung auf einen eigenen Erben hatte aufgeben müssen.
So kam es, daß die Söhne Friedrichs und seiner Gemahlin Christine Wilhelmine nacheinander Herzöge von Mecklenburg wurden. Zuerst Friedrich Wilhelm, dann Carl Leopold und schließlich, wenn auch erst mit 64 Jahren, Christian Ludwig II. Der Herzogsvater wurde, ohne selbst regiert zu haben, ein wichtiges Glied in der Ahnenfolge der mecklenburgischen Herrscherfamilie. Als Stammhalter fand er seinen Platz in der Ahnengalerie.[19])
Er starb fünfzigjährig an den Blattern. Sein Sarg und der seiner 34 Jahre später verstorbenen Gemahlin wurden nach dem Brand des Grabower Schlosses im Juni 1725 in die Nikolaikirche zu Schwerin überführt und gemeinsam mit den sterblichen Resten seines Vaters, Herzogs Adolf Friedrich, beigesetzt.

Friedrich (1638–1688)
Original, unbekannter deutscher Maler, 17. Jh.

Christine Wilhelmine von Hessen-Homburg zu Bingenheim (1653–1722) Gemahlin von Herzog Friedrich, Original, unbekannter deutscher Maler, 17. Jh.

Friedrich Wilhelm
Sohn Friedrichs

Geb.: 28. März 1675, gest.: 31. Juli 1713, begraben zu Schwerin; Gemahlin: Sophie Charlotte, Tochter des Landgrafen Karl von Hessen-Kassel, gest. 1749; Söhne: keine

Regierungszeit: 1692–1713

Friedrich Wilhelm schloß den Hamburger Vergleich, der Mecklenburg (bis 1933) in das Schweriner und das Strelitzer Herzogtum teilte (Dritte Hauptlandesteilung). 1708 schloß er ein Schutz- und Trutzbündnis mit Preußen, in dem die Erbansprüche des preußischen Königs auf Mecklenburg bestätigt wurden.

Geschichtliche Daten

1693 William Penn schlägt eine europäische Föderation vor; 1696 Andreas Schlüters „Masken sterbender Krieger"; 1697 Peter I. lernt Schiffbau in den Niederlanden und England; holl. Außenhandel übertrifft den Englands um das Dreifache; 1698 Gleichschritt im preuß. Heere, 1700 Nordischer Krieg Rußlands, Polens, Sachsens und Dänemarks gegen Schweden, bis 1721; Gottfried Arnolds Kirchen- und Ketzerhistorie, erklärt Kirchenfürsten als eigentliche Ketzer; Leibnitz erster Präsident der Preuß. Akademie der Wissenschaften; 1701 Beginn des Spanischen Erbfolgekrieges um Vorherrschaft in Europa; 1703 England führend in Tuchmanufaktur; Petersburg gegründet; 1705 Thomasius' „Grundlagen des Naturrechts"; Händels erste Oper; J.S. Bach in Lübeck; 1707 England und Schottland Vereinigtes Königreich von Großbritannien; 1709 Rußland besiegt Schweden bei Poltawa; Böttger erfindet Hartporzellan; 1711 Newcomens Dampfmaschine; letzte Hexenhinrichtung in England; 1713 Ende des Spanischen Erbfolgekrieges; Friedrich Wilhelm I. „Soldatenkönig" von Preußen, Zopf im preuß. Heer, Verbot von Zeitungen in Preußen

Friedrich Wilhelm (1675–1713)
Er wähnte als Löwe sich

Ein unbekannter deutscher Meister schuf das ganzfigurige Bildnis des Herzogs um 1700. Es zeigt einen überaus verschwenderisch gekleideten, betont selbssicheren jungen Mann. Dessen stolz aufgerichtete Gestalt ist von einem, in üppigen Falten auf den Boden herabfließenden pelzgefütterten Purpurumhang umgeben. Das reich gelockte Haar einer Perücke fällt ihm weit auf die Brust. Die blaue Schärpe über dem feingearbeiteten Zierpanzer betont seine Würde. Das erhobene Haupt, der fordernde stechende Blick, die Gebärde seiner Hände, die gesamte Erscheinung ist Ausdruck herrischer Gesinnung und starken Selbstwußtseins. Details, wie das weiße, leger um den Hals gebundene Tuch, der federgeschmückte Helm, der goldene Degenknauf und ein Stück bewölkten blauen Himmels verstärken den Eindruck von ungebändigter Lebenslust, Unbekümmertheit und grenzenloser Überheblichkeit. Das war tatsächlich einer der Wesenszüge dieses Herzogs. 1695 entbrannte über ein halbes Jahrzehnt lang ein heftiger Erbfolgestreit mit Adolf Friedrich II. von Mecklenburg-Güstrow. Friedrich Wilhelm wähnte sich von Anfang an als Sieger. Er ließ eine Münze prägen, darauf das Bild eines Löwen, der über einen Hund (!) triumphiert und die Umschrift trug: „Ich strebe nach größeren Dingen." Allein, er hatte nicht das Zeug dazu. Der Hamburger Vergleich von 1701 machte dem Streit ein Ende. Adolf Friedrich verzichtete zwar auf den Güstrower Teil, erhielt dafür aber Stargard und Ratzeburg mit Strelitz als Residenz. Deutschland hatte ein Herzogtum mehr. Auch das Erstgeburtsrecht in der Erbfolge wurde nunmehr festgeschrieben (von Johann Albrecht I. bereits testamentarisch verankert, aber nie eingehalten).

Friedrich Wilhelm war bei der Thronbesteigung erst 17 Jahre alt, konnte jedoch die Regierung übernehmen, da der Kaiser ihn auf Betreiben von Christian (Louis) I. bereits mit 14 Jahren für volljährig erklärt hatte. Während seiner Regierungszeit bemühte sich Friedrich Wilhelm, die städtische Verwaltung seiner Residenz Schwerin und deren Finanzen zu ordnen, er ließ eine neue Münze errichten und befahl Maßnahmen zur Verhinderung von Stadtbränden (z.B. Verbot von Strohdächern in der Innen-

Friedrich Wilhelm (1675–1713)
Original, deutsch, um 1700

Sophie Charlotte von Hessen-Kassel (1678–1749)
Gemahlin von Herzog Friedrich Wilhelm,
Original, deutscher Meister in der Art A. Pesnes, um 1730

stadt). Der Ausbau der sogenannten Neustadt, der Schelfstadt, mit eigener Verwaltung und der Bau der Nikolaikirche wurden durch ihn veranlaßt. Hier ist damals ein städtebaulich geschlossenes barockes Ensemble geschaffen worden. Um seine Einnahmen zu erweitern, verkaufte oder vermietete Friedrich Wilhelm Soldaten, an den Kaiser oder nach Holland, je nachdem. Seinen jüngsten Bruder Christian Ludwig verlobte er mit dessen Cousine, um die Spannungen mit Strelitz zu entkrampfen. Die Schwester Sophie Louise durfte von Preußens erstem König die dritte Frau werden; ihre Heiratsverbindung bekräftigte ein Schutz- und Trutzbündnis von 1708 zwischen beiden Herrscherhäusern. Mit dem Bündnis war allerdings auch die noch aus dem Mittelalter – 1442 – herrührende eventuelle preußische Erbfolge für Mecklenburg vertraglich verknüpft. Dies war ein unwägbares Risiko angesichts der Schwierigkeit mancher Herzöge, für Nachwuchs zu sorgen. Friedrich Wilhelm machte da keine Ausnahme. Schon im jugendlichen Alter soll er dem Hang zum schönen Geschlecht in einer Weise nachgegeben haben, die ihm die Gesundheit ruinierte und die erst im 29. Lebensjahr geschlossene Ehe kinderlos ließ. Auch Kuren halfen nichts. Der Herzog starb schon mit 38 Jahren. Zwei uneheliche Söhne, im Jugendalter gezeugt und im Testament mit je 50 000 Talern bedacht, zählten nicht in der Ahnenfolge.

Karl Leopold
Sohn Friedrichs

Geb.: 26. November 1678, gest.: 28. November 1747, begraben zur Doberan; Gemahlinnen: 1. Sophie Hedwig, Tochter des Grafen Heinrich Kasimis von Nassau-Dietz, geschieden 1710; 2. Christine Dorothea v. Lepel, geschieden 1711; 3. Katharina, Tochter des Zaren Iwan V. Alexjewitsch, gest. 1733; Söhne: keine

Regierungszeit: 1713–1747 (1728 der Regierung enthoben)

Karl Leopold ist der erste und einzige mecklenburgische Herzog, der in jahrelangem Ringen die Macht der Ritter zu brechen versuchte. Dabei band er bedeutende Herrscher in Europa an sich oder brachte sie gegen sich auf (den deutschen Kaiser Karl VI., den russischen Zaren Peter I., die englischen Könige Georg I. und II., den preußischen König Friedrich Wilhelm I., den König von Schweden Karl XII.)

Geschichtliche Daten

1714 Georg I.(Kurfürst von Hannover) König von England; Kaiser Karl VI. muß auf Spanien und dessen Kolonien zugunsten Frankreichs verzichten; 1715 Preußen tritt in den Nordischen Krieg gegen Schweden ein; 1716 bis 1718 Kaiser Karl im Krieg mit den Türken; Peter I. in Mecklenburg; Dresdner Zwinger; 1725 Peter I. gest.; 1733 nach Tod Augusts des Starken poln. Erbfolgekrieg Rußlands u. Kaiser Karls gegen Frankreich und Spanien; 1740 Beginn des österreich. Erfolgekrieges mit europäischen Ausmaßen, Friedrich II. von Preußen zettelt ihn mit dem ersten Schlesischen Krieg an; 1742 England erobert französische Kolonien in Amerika und Indien; 1744/45 zweiter Schlesischer Krieg, Preußen mit Frankreich gegen Österreich; Karl VI. stirbt; 1745 Marquise von Pompadour Mätresse Ludwigs XV.; 1747 Schloß Sanssouci von Knobelsdorff

Karl Leopold (1678–1747)
Im stürmischen Ringen um totale Macht

Ein unbekannter Maler gestaltete um 1740 das Porträt des Herzogs. Eine hohe, weiß gepuderte Perücke umrahmt das wohlgenährte Gesicht. Das leichte Doppelkinn und der schmallippige, geschlossene Mund betonen das Kinn, das auf einen energischen Charakter deutet. Der rote, hermelingefütterte Umhang wird durch eine kostbare Brosche am Hals zusammengehalten. Er bedeckt einen Teil des mit vergoldeten Treibarbeiten verzierten Brustpanzers. Der Orden ist so riesig, daß er nur halb von der breiten blauen Schärpe verdeckt werden kann. Das Brustbild stellt einen gewaltigen Herrscher vor. Stolz aufgerichtet blickt er etwas von oben herab auf den Betrachter.

Dieses Bild entstand zu einer Zeit, als der Herzog nach einem Vierteljahrhundert erfolgloser Mühen wie zum Hohn im eigenen Land im Exil war, aller Macht beraubt, in Wismar und Dömitz saß und einen sinnlosen Plan nach dem anderen ausheckte, um wieder auf den Thron zu gelangen. Den hatte er verloren, trotz Einsatzes von brachialer Gewalt, trotz Bündnisses mit dem Zaren aller Reußen und dem König von Preußen. Allein, die Herzogswürde behielt er; die konnte ihm nicht genommen werden; er besaß sie von Geburt. 1713 auf den Thron gelangt, probierte er erst, durch eine Heirat König von Neapel oder Statthalter der österreichischen Niederlande (Belgien) zu werden. Das gelang nicht. Da machte der Herzog sich an den Versuch, im eigenen Land die wirkliche Herrschaft zu erringen, die Stadt Rostock und den mächtigen Landadel in seine Botmäßigkeit zu bringen. Der ritterschaftliche Adel und die Stadt aber wollten erst bezwungen sein![20]) Einen ersten Streich führte er gegen Rostock. Aber Kaiser und Ritter standen den Rostockern bei. Es bedurfte einer stärkeren Macht. Also führte Karl Leopold Verhandlungen mit dem Zaren Peter dem Großen. Der hatte gerade die Großmacht Schweden bezwungen. Ein Bündnis und die Hochzeit mit der Zarennichte Katharina Iwanowa waren rasch vereinbart. Der Herzog hatte nun, wie im Vertrag vereinbart, die Russen im Lande. Es wird ihm eine Lust gewesen sein, sie auf die Güter der Ritter zu legen, die sie aufzunehmen und zu beköstigen hatten, ob sie wollten oder nicht.

Karl Leopolds Rache und Ziele, mit den russischen Truppen als Rückenhalt, gingen weiter. Er wollte, daß die Ritter im Lande ihm Gehorsam schworen. Anderenfalls verloren sie ihr Eigentum und bekamen einen herzoglichen Verwalter vor die Nase gesetzt. Da begann das große Ritterfliehen. Es verstärkte sich noch, als der Zar die Rädelsführer vom Engeren Ausschuß der Ritter fangen wollte. Gewarnt aber, entwischten sie fast alle, beschwerten sich beim Kaiser und erhielten dort Unterstützung. Der Kaiser, selber in eurpäische Händel verwickelt, forderte von Karl Leopold Gehorsam und setzte, als der sich nicht gefügig zeigte, seinen Willen mit Gewalt durch: Reichsexekution gegen Karl Leopold, an der Spitze der Kurfürst von Hannover (und König von England), der den Zaren nicht zu weit im Westen haben wollte. Als Anfang 1719 die kaiserlichen Truppen die Elbe ostwärts überschreiten, Schwerin und sein Schloß mit Bomben belegen, Karl Leopolds Soldaten nach Osten auseinanderlaufen, die Ritter zurückkommen und nun die herzoglichen Beamten jagen und einsperren und ihnen „frohe Tage zu machen vergessen", wie ein Chronist berichtet, da scheint Karl Leopolds Schicksal besiegelt. Der Herzog aber gibt nicht auf. Er geht nach Danzig und wird nicht müde, alles, aber auch alles Mögliche und Unmögliche zu versuchen, um als Herr des Landes Mecklenburg wiederzukehren. Und er findet Gehör: Bei den Städten, weil die kaiserliche Kommission ihnen die Kosten der Exekution aufbürdet und Ämter in Pfandbesitz nimmt; bei den ritterlichen Leibeigenen, da er gegen ihre Herren vorgeht; bei den Pastoren, weil die Ritter auch sie fast als Leibeigene zu halten versuchen. Den Pastoren verspricht er Schutz gegen den eindringenden Pietismus, wofür sie seine Dekrete von der Kanzel verkünden, die des Kaisers indes verschweigen. Im Land entsteht unglaubliches Chaos: Was die kaiserliche Kommission anordnet, wird vom Herzog aufgehoben und umgekehrt, die Ritter scheren sich weder um den einen noch den anderen und erlassen ihre eigenen Befehle. 1728 wird Karl Leopold von der Regierung schließlich suspendiert und der jüngere Bruder Christian Ludwig zum Administrator berufen. Das steigert des Herzogs Eifer und Wut nur noch mehr. Er läßt – von Danzig aus – Dömitz zur Festung ausbauen, wirbt heimlich Truppen, kehrt 1730 ebenso heimlich nach Schwerin zurück, bereitet drei Jahre lang einen Aufstand vor und –

Karl Leopold (1678–1747)
Original, unbekannter Maler, um 1740

Katharina Iwanowna, Großfürstin von Rußland (1692–1733) Gemahlin von Herzog Karl Leopold, Original, unbekannter deutscher Maler, 18. Jh.

wagt es wieder. 1733 ruft er den allgemeinen Landsturm aus, eine Art Wehrpflicht für die Männer zwischen 18 und 60 Jahren. Viele folgen. Sie hoffen auf bessere Zeiten. Aber sie sind schlecht bewaffnet und werden zudem noch schlecht geführt. Es reicht wieder nicht. Bruder Christian Ludwig, inzwischen Kommissar des Kaisers, von den Rittern natürlich unterstützt, was die Feindschaft der Brüder noch verstärkt, bekommt die Hilfe Hannovers. 1735 muß Karl Leopold fliehen, über den Schweriner See. Er geht nach Wismar. Jedoch wieder nicht, um zu kapitulieren. Wieder schmiedet er Pläne, hängt sich an Abenteurer, schickt Gesandte um Hilfe in alle Welt, nach Frankreich, Spanien, Rußland, wo nach dem Tode des Zaren dessen Nichte Anna und seit 1740 Karl Leopolds Tochter für ein reichliches Jahr Regentin ist. Doch einem machtlosen Herzog hilft keiner. Da verschreibt er sich schließlich der Goldmacherei, versucht sogar eine Einigung mit seinem Todfeind, der Ritterschaft (1744), so sehr hat er den Boden der Realität unter den Füßen verloren. Kein Plan gelingt. Der Körper macht auch nicht mehr mit; Karl Leopold ist 66 Jahre alt. 1747 stirbt er. Ein stürmisches und unruhevolles Leben wird in aller Stille zu Doberan zur Ruhe gebettet.

Katharina Iwanowna (1692–1733)
Eine Zarentochter im Politikspiel

Die russische Großfürstin Katharina Iwanowna war ein fröhliches und aufgeschlossenes Menschenkind, Liebling des Zaren Peter des Großen, ihres Onkels.

In der Ahnengalerie zählt auch ihr Bild zu den angenehmsten Erscheinungen unter den Herzoginnen. Und doch wurde ihr nachgesagt, daß sie trotz der schwarzen Haare, der beeindruckend großen dunklen Augen und der „blendend weißen Gesichtsfarbe" „nicht eigentlich schön und wohlgestaltet zu nennen wäre". Von kleinem Wuchs, neigte sie schon früh dazu, „bis zur Ungeheuerlichkeit dick zu werden". Charakterlich herausragende Merkmale waren Harmlosigkeit und Witz, verbunden mit unglaublicher Zungenfertigkeit. Sie war „ von munterem Geist und leutseligem Wesen". Offenherzig plauderte sie alles heraus, was in ihr „leichtfertiges Köpfchen" geriet. Sie tanzte und lachte gern.

Von dieser ihr angeborenen Heiterkeit und Unbeschwertheit ist auf dem ovalen Brustbild nicht mehr viel zu spüren.

Das Bildnis ist von einem unbekanntem Meister im 18. Jahrhundert geschaffen.

24jährig nach Mecklenburg verheiratet, ist ihr als dritter Gemahlin Herzog Karl Leopolds das Lachen bald vergangen. Ihre dunklen Augen blikken auf dem Porträt etwas melancholisch und verloren auf den Betrachter, der Mund deutet kaum ein Lächeln an. Ihr Gesicht ist deutlich mit Wehmut erfüllt.

Katharina Iwanowna wurde das Opfer der Machtpolitik ihres Onkels (der die Vormundschaft über sie innehatte und eine Verbindung mit dem „ansehnlichen Herzogtum" für vorteilhaft hielt) und des mecklenburgischen Herzogs Karl Leopold (der mit Hilfe eines mächtigen Verbündeten eine Zentralgewalt im Lande zu errichten suchte und diese Frau als Mittel zum Zweck nutzte).

Neben diesem staatspolitischen Bündnis, das durch eine Heirat besiegelt werden sollte, war die Frau als Mensch Nebensache. Dennoch, die Trauung wurde am 19. April 1716, einige Tage nach der Vertragsunterzeichnung, in Danzig, mit der ihr gebührenden Pracht, vollzogen und nach aufgehobener Festtafel ein großes Feuerwerk veranstaltet. Der Zar, Peter der Große, der König, August der Starke, und der Herzog, Karl Leopold, schienen ein besonderes Vergnügen daran zu finden, die Raketen selbst anzuzünden und dem Trunk kräftig zuzusprechen. Mit etlicher Mühe nur gelang es, den „dick berauschten“ Bräutigam ins eheliche Bett zu befördern. Nach den Flitterwochen in Danzig kehrte Karl Leopold zunächst ohne Gemahlin in seine Residenz nach Schwerin zurück. Dort empfing man auch den Zaren mit großem Pomp. Zur gleichen Zeit rückten an die 50 000 russische Soldaten zu Wasser und zu Lande in Mecklenburg ein. Über den Einzug der Herzogin, der einige Tage nach dem des Zaren erfolgte, ist wenig überliefert. Am 14. Mai schickte man ihr und der Zarin, ihrer Mutter, von Güstrow aus hundert Pferde und Geschirr bis Teterow als „Vorspann“, wird berichtet. Die Hauptperson scheint für Karl Leopold der Zar gewesen zu sein. Mit der ehelichen Treue nahm es der Herzog nicht so genau. Recht bald wählte er die verheiratete Tochter seines Bruders Friedrich Wilhelm zur Mätresse. Frau von Wolfrath mußte dem Herzog nach Dömitz und dann nach Danzig folgen, wohin er sich 1721/22 nach der ersten Niederlage durch den Kaiser begab.

Katharina Iwanowna blieb im Danziger Exil nicht lange bei ihrem Gemahl. Schon im August 1722 kehrte sie nach sechsjähriger Ehe mit ihrer Tochter Elisabeth Katharina Christine (geb. 18.Dezember 1718, gest. 1746) nach Rußland zurück. Den Gemahl sah sie nicht wieder. Ihr Leben in der alten Heimat war ungleich angenehmer als in Mecklenburg. Hier blühte sie wieder auf, wurde einflußreich, geachtet und freundlich. Sie starb bereits am 25. Juni 1733 im Alter von kaum 41 Jahren. Zu Sankt Petersburg liegt sie begraben.

Christian Ludwig II.
Sohn Friedrichs

geb.: 15. Mai 1683, gest.: 30. Mai 1756, Gemahlin: Gustave Karoline, Tochter Herzog Adolf Friedrichs II. von Mecklenburg-Strelitz, gest. 13. April 1748; Söhne: Friedrich (der Fromme), Ludwig

Regierungszeit: Landesadministrator 1728, Kaiserlicher Kommissar 1733, regierender Herzog 1747–1756

Herzog Christian Ludwig schloß nach dem mehrhundertjährigen Ringen zwischen Landesherrn, Rittern und Städten um die Vorherrschaft den Landesgrundgesetzlichen Erbvergleich (1755). Dieser wurde die bis 1918 gültige, dem Wesen nach mittelalterliche ständische Verfassung des Landes. Sie beschränkte den Landesherren und begünstigte den Landadel. Christian Ludwig schuf mit seinen Sammlungen von Gemälden holländischer und flämischer Malerei des 17. Jahrhunderts sowie französischer Malerei seiner Zeit die Grundlage für die bedeutende Gemäldesammlung des Schweriner Museums. Er förderte die Schauspielkunst. Während seiner Herrschaft wurde 1753 in Schwerin die erste deutsche Schauspielerakademie von Konrad Ekhof gegründet.

Geschichtliche Daten

1748 Klopstocks „Messias“; Lamettries „Der Mensch – eine Maschine“; Montesquieus „Der Geist der Gesetze“; Elektrotherapie; Schutz der Bauern in Preußen vor Enteignung; 1749 Goethe geb.; Händels „Feuerwerksmusik“; 1751 J. H. Voß geb.; 1752 Blitzableiter von Franklin; 1753 Staroperation; 1754 Rousseaus Abhandlung „Über die Ungleichheit“; erstes Eisenwalzwerk in England; Chipendale-Stil; 1755 engl.-franz. Kolonialkrieg beginnt; 1756 Beginn des Siebenjährigen Krieges; Lomonossows Gesetz von der Erhaltung der Masse; Casanova flieht aus den Bleikammern von Venedig

Christian II. Ludwig (1683–1756)
Original, von Balthasar Denner, 1735

Gustav Caroline von Mecklenburg-Strelitz (1694–1748)
Gemahlin von Herzog Christian Ludwig II.,
Original, von Balthasar Denner, 1735

Christian Ludwig II. (1683–1756)
Schöpfer einer Gemäldegalerie von Rang

Christian Ludwig war von heiterem Gemüt, galt als sehr kunstsinnig, ausdauernd und klug. Vor allem: Er strebte nicht danach, Streitigkeiten ins Leben zu rufen, sondern zu beseitigen. Verhältnismäßig alt mußte er werden, um eine eigene Wohnung und ein festes Einkommen zu erlangen. Erst im hohen Alter gelangte er auf den Thron. Das Land war von den über drei Jahrzehnten währenden Wirren zerissen.

Nach Karl Leopolds Tod 1747 wurde Christian Ludwig, bereits 64jährig, regierender Herzog von Mecklenburg-Schwerin. Er nutzte nun seine Entscheidungsgewalt, um endlich Ruhe im Lande zu schaffen und die Streitigkeiten mit Mecklenburg-Strelitz und den Ständen zu beenden. Das erreichte er durch die sogenannte Accessionsacte (14. Juli 1755) zwischen dem Schweriner Hof und Strelitz, in der beide Seiten die Souveränität der Herzogtümer anerkannten, und durch den Landesgrundgesetzlichen Erbvergleich mit den Ständen von 1755. Bis 1918 war dieser Erbvergleich die verfassungsmäßige Grundlage des Landes. Er schrieb den sich im Grunde seit dem Mittelalter anbahnenden Zustand fest: die Souveränität des ritterschaftlichen Landadels auf seinem Besitz. Der Herzog beendete also das jahrhundertelange erfolglose Streben seines Hauses nach absoluter Macht und schickte sich in die Machtteilung. Das Kräfteverhältnis bot keine andere Möglichkeit.

Unbestritten Großes und seine Zeit weit Überdauerndes leistete der Herzog durch die Pflege und Förderung der Künste und durch die Sammlung von Kunstwerken. Dem Kunstverständnis und der Sammelleidenschaft Christian Ludwigs ist es zu verdanken, daß man in der Gemäldegalerie des Schweriner Museums die größte Kollektion von Werken niederländischer Kleinmeister des 17. Jahrhunderts sehen kann, eine Sammlung von Rang, wie sie kein anderes europäisches Museum aufweisen kann. Auf seinen Reisen nach Holland und Italien hatte Christian Ludwig ein dauerndes Interesse an der bildenden Kunst gefunden. Schlösser und Galerien dieser Länder wurden ihm dann auch Vorbild bei der Einrichtung einer Galerie im Schweriner Schloß. 1746 ließ er ein Galeriegebäude auf der Burginsel errichten (heute nicht mehr erhalten) für Gemälde und Grafiken, Münzen, Medaillen, Schmuck, Instrumente der Nautik, Uhren usw. Dem damaligen adligen Kunstgeschmack gemäß kaufte er auch realistische Werke der franzöischen Gegenwartskunst. Dem berühmten französischen Tier- und Jagdmaler Jean Baptiste Oudry (1686–1755) erteilte er zahlreiche Aufträge. Mit 34 seiner Arbeiten besitzt die Schweriner Galerie am Alten Garten von diesem Meister eine Kollektion, wie sie in keinem anderen Museum zu finden ist, auch nicht in Frankreich selbst. Christian Ludwig kaufte auch Gemälde des deutschen Meisters aus der französischen und italienischen Schule, Christian Wilhelm Ernst Dietrich (1712–1774), von dem sich in Schwerin 58 Bilder befinden. Den jungen Tischlergesellen Dietrich Findorf (1722–1772) ließ er künstlerisch ausbilden, nachdem er dessen Maltalent entdeckt hatte. Im ersten Obergeschoß des Schweriner Schlosses (Galerie Mecklenburger Maler) kann man einige seiner Gemälde besichtigen.

Eine nicht so sichtbare, in der Geschichte der Kunst nicht minder wichtige Leistung des Herzogs ist die Förderung der Schauspielkunst. Seit 1740 zog die Truppe von Johann Friedrich Schönemann (1704–1782), der die zehn Jahre zuvor bei der Neuberin gearbeitet hatte, auch durch das Mecklenburger Land. Christian Ludwig engagierte sie 1751, gab ihr einen Zuschuß von zwei- bis viertausend Talern im Jahr und somit ein Minimum an sozialer Sicherheit, eine Seltenheit im (kommerziellen) Theaterwesen jener Zeit. So entstand ein Klima mit großen Hoffnungen, in dem 1753 in Schwerin die erste deutsche Schauspielakademie mit Konrad Ekhof wuchs, dem Vater der deutschen Schauspielkunst.

Dieser Herzog, dessen Leben am 30. Mai 1756 endete, erwarb sich also bleibende Verdienste für die deutsche Kultur. Natürlich auch mit dem Geld seiner Untertanen.

Friedrich der Fromme
Sohn Christian Ludwigs II.

geb.: 9. November 1717; gest.: 24. April 1785, begraben zu Ludwigslust; Gemahlin: Louise Friderike, Tochter des Erbprinzen Friedrich Ludwig von Württemberg-Stuttgart, gest. 2. August 1791; Söhne: keine

Regierungszeit: 1756–1785

Herzog Friedrich der Fromme ließ Schloß und Stadt Ludwigslust (nach dem Vater benannt) erbauen. Er versuchte, in Bützow eine Universität zu gründen, der aber keine lange Lebensdauer beschieden war. Um die Moral des Landes zu heben, verbot er u.a. das Theaterspiel und gebot das Bibellesen.

Geschichtliche Daten

1756 Beginn des Siebenjährigen Krieges; 1760 England erobert Kanada; 1763 Friede zu Hubertusburg beendet Siebenjährigen Krieg, England Weltmacht; der 6jährige Mozart spielt vor Kaiserin Maria Theresia; 1767 Lessings „Minna von Barnhelm", Hamburger Nationaltheater; 1768 erste Weltreise von James Cook; 1769 Arkwrights Spinnmaschine, Dampfmaschine von James Watt; 1770 Goethe Student in Strasbourg, „Willkommen und Abschied"; Industrielle Revolution in England beginnt: bgl. Freiheiten, Welthandel, Maschinen, Dampfkraft; 1771 erste Teilung Polens; 1774 Goethes „Werther"; 1775 Beginn der Amerikanischen Revolution; Goethe in Weimar; 1776 Unabhängigkeitserklärung der USA; 1777 Hamlet-Aufführung in Hamburg öffnet Shakespeare die deutsche Bühne; 1779 Lessings „Nathan"; erste Eisenbrücke; 1780 Pestalozzis päd. Programm; Rübenzucker durch Achard; 1781 Leibeigenschaft in Österreich aufgehoben; Schillers „Räuber"; 1783 England anerkennt Unabhängigkeit der USA; erster Ballonaufstieg der Montgolfiers; 1784 „Figaros Hochzeit" von Beaumarchais; Kants „Was ist Aufklärung"; 1785 Kanalüberquerung im Freiballon

Friedrich der Fromme (1717–1785)
Ernstes Streben und erbärmliches Vermögen

Das Porträt des Herzogs und seiner Gemahlin Louise Friderike entstammt der Hand des Hofmalers Georg David Matthieu (1737–1778). 1766 gemalt, müßte es den Landesherren im Alter von fast 50 Jahren darstellen. Das Spinett, die Grafik und die beiden Bücher auf dem Gemälde weisen auf die Interessen Friedrichs. Die Blätter in der Hand vermitteln den Eindruck eines stets beschäftigten, geistig arbeitenden Landesherren. Der Herzog sorgte sich in der Tat äußerst fleißig um die Regierungsgeschäfte und seine Liebhabereien.

Friedrich trat kein leichtes Erbe an, als er 1756 die Regierung übernahm. Das Herzogtum hatte seit Jahrhunderten unter den Streitigkeiten, Landesteilungen und durch die Einflüsse fremder Mächte gelitten. Soldatenmassen vieler Nationen Europas (von Holland bis Rußland) hatten das Land ausgesaugt; gewissenlose Beamte in die eigene Tasche gewirtschaftet; preußische Werber raubten zudem auch noch die Männer, wo sie ihrer habhaft wurden, um sie in die Uniform zu zwängen. Und schon geriet das Land 1756 wieder in einen Krieg, sieben Jahre lang. Er kostete so viel Geld, wie die herzoglichen Kasse in 30 Jahren einnahm. Was also auch immer Friedrich an Förderlichem für das Land in die Wege leitete, es konnte nur bei einem gutgemeinten Versuch bleiben.

Er sorgte sich während seiner Regierungszeit um viele praktische Dinge zum Wohle des Landes und zur Sicherung eines friedlichen Lebens. Er versuchte, die Wirtschaft, das Gewerbe und den Handel im Lande zu fördern (Entwicklung von Manufakturen, Verbesserung der Landwirtschaft, Säuberung der Flüsse, Verkürzung der Gerichtsprozesse, Vermessung des Landes u.v.a.m.) Selbst die meisten in Zeiten seiner herzoglichen Vorgänger verpfändeten Ämter ließ er zurückkaufen. Auch das Schul- und Bildungswesen suchte er zu fördern. So stiftete er eine Ausbildungsstätte für Schullehrer. Manche Unternehmungen Friedrichs muten allerdings grotesk an. 1760 gründete er die Universität Bützow nach einem Streit mit der Rostocker Alma Mater, aber ohne hinreichende Gebäude, Ausstattung und Geld. Sie nahm ein klägliches Ende.[21]) Der als einer der besten Lan-

Friedrich der Fromme (1717–1785)
Original, von Georg David Matthieu, 1766

Louise Friederike von Württemberg-Stuttgart (1722–1791)
Gemahlin von Herzog Friedrich,
Original, von Georg David Matthieu, 1766

desherren gerühmte, weil sparsame Friedrich hatte für seine Universität 8–9000 Taler im Jahr übrig. Das Zehnfache dessen verbrauchte er allein für die Anlage der Kaskade beim Ludwigsluster Schloß, das er seit 1772 (bis 1776) als neue Residenz errichten ließ. Es war nur eine Frage der Zeit, daß die Universität ihre Pforten schließen mußte (1789).

Auch Friedrichs Streben, den moralischen Zustand des Volkes zu heben, hatte, so löblich die Absicht auch war, einen recht eigenartigen Verlauf. So verbot er u.a. das Theaterspielen und gebot das Bibellesen. Daneben besaß er die fromm-keusche Manie, unbekleidete Figuren auf Bildern übermalen zu lassen. Angesichts dieser und weiterer Verbote von Verlustierungen hat der fromme Friedrich bei seinen Untertanen oft das Gegenteil erreicht. Die religiöse Heuchelei trieb Blüten.[22])

Herzog Friedrich liebte die Malerei und Musik. Zweimal wöchentlich fanden Musikabende statt. Er bezahlte Instrumentalisten und Kompositeure von Rang wie z.B. Mathias Sperger und Johann Wilhelm Hertel. Seinen Vater unterstützte er mit großem Eifer beim Ankauf von Gemälden und Grafiken. Seinem Hofmaler Matthieu übertrug er eine Menge Arbeiten, so daß derselbe in den 14 Jahren seines Dienstes bis ans Lebensende schon allein aus Zeitgründen Mecklenburg nicht verlassen konnte.

Die Regierung des Herzogs bestand insgesamt – wegen der Ärmlichkeit des Landes und der Besonderheiten des Regenten – aus einer eigenartigen Mischung von Ernsthaftigkeit des Strebens und der Erbärmlichkeit des Vermögens. Er machte aber, im Unterschied zu vielen Herrschern vor ihm, wenigstens den Druck auf die Menschen nicht noch drückender. Es gab schon lange keinen Landesherren mehr in Mecklenburg, der so unermüdlich und ausdauernd für sein Land wirkte. Allein das ließ ihn schon zur Legende werden.

Herzog Friedrich starb mit 68 Jahren. In Ludwigslust wurde er beigesetzt.

Ludwig
Sohn Christian Ludwigs II.

geb.: 6. August 1725, gest.: 12. September 1778. Begraben zu Schwerin; Gemahlin: Charlotte Sophie, Tochter des Herzogs Franz Josias von Sachsen-Koburg-Saalfeld, gest.: 2. August 1810; Sohn: Friedrich Franz I., seit 1815 Großherzog

Regierungszeit: ohne

Der liebenswürdige, lebenslustige und gutwillige Herzog zeugte – nach dem vierten Heiratsanlauf – den Stammhalter des mecklenburgischen Herrschergeschlechts.

Geschichtliche Daten
(siehe Herzog Friedrich der Fromme)

Ludwig (1725–1778)
Er zeugte für den Bruder den Thronfolger

Das Gemälde von Herzog Ludwig stammt von dem Hofmaler Georg David Matthieu, dem begabten Meister des Rokoko. Er konnte der monotonen Auftragsstuktur am Ludwigsluster Hof nur gerecht werden, indem er einfach in Schematismus verfiel. Der offenbart sich auch in der sterotypen Porträtgestaltung der herzoglichen Brüder Friedrich und Ludwig und ihrer Gemahlinnen: Viermal der gleiche Gesichtsausdruck: das gleichbleibend liebenswürdige Lächeln, viermal die gleiche Körper-und Kopfhaltung (sogar die Nasen ähneln sich), viermal die gleiche Bildkomposition. Herzog Ludwig sitzt, ein aufgeschlagenes Buch in der Hand, über das er hinweg blickt, keineswegs bequem zurückgelehnt auf dem dazu eigentlich einladenden weichen Sofa. Unnatürlich steif auf den vorderen Rand gerückt, stützt er sich mit einem Arm in aufrechter Haltung auf ein Tisch-

Ludwig (1725–1778)
Original, von Georg David Matthieu, 1756

Charlotte Sophie von Sachsen-Koburg-Saalfeld
(1731–1810)
Gemahlin von Herzog Ludwig,
Original, von Georg David Matthieu, 1766

chen. Es sind nicht das Gesicht, nicht die abgebildete Person, die den Blick des Betrachters fesseln. Die hohe Könnerschaft des Malers zeigt sich in der Detailgestaltung und dem feinen nuancierten Farbsinn. Bei Friedrich sind das u.a. die Ton in Ton abgestimmte braune Farbe von Samtjacke und Spinett, bei Ludwig der rötliche, golddurchwirkte prunkvolle Anzug und das rostbraune Buch, bei Charlotte Sophie das bordeaufarbene Atlaskleid, die Halsrüsche und die Kunstblumen im Haar, die den dominierenden Farbton aufnehmen, bei Louise Friderike die in den gleichen Farbnuancen gemalte rote Schärpe, der rote Orden und das rote Siegel auf dem Brief in der Hand. In vollendeter Meisterschaft sind die goldbestickten Stoffe, der Atlas und die hauchzarten Spitzen bis ins feinste Detail mit großer Sorgfalt ausgeführt. Das Hauptaugenmerk des Malers galt dem Beiwerk, die Physiognomie war offenbar nebensächlich. Den Dargestellten schien es aber recht zu sein.

Herzog Ludwig kam nicht als regierender, sondern als stammerhaltender Fürst zu Ehren. Auf dem liebenswürdigen und lebenslustigen Prinzen ruhte die Hoffnung, das jahrhundertealte Fürstengeschlecht Mecklenburgs fortzupflanzen. So erfreute er sich der größten Aufmerksamkeit aller Mitglieder des Herrscherhauses und der ihnen wohlgesonnenen Personen. Mit besonders großem Eifer und Ernst betrieb die herzogliche Familie die Eheanbahnungsversuche, als der regierende ältere und kinderlose Bruder, Herzog Friedrich, an einer gefährlichen Geschwulst erkrankte (von der er aber bald genas). Die Vermählung mit einer Italienerin, einer Tochter des Herzogs Alderano von Massa-Carrara, schien also nicht nur wegen der Mitgift von einer halben Million Talern verlockend. Aber die andere Seite forderte den Übertritt des Prinzen zum Katholizismus. Der hohe Preis schreckte die Mecklenburger ab. Eine Verbindung mit dem wolfenbüttelschen Herrscherhaus scheiterte an der Auserwählten; Prinzessin Christine zog es eigenartigerweise vor, in ein Kloster zu gehen. Auch die dann ins Auge gefaßte Prinzessin Christiane zu Mirow (Strelitz) schien den Prinzen nicht überwältigend zu finden. Die Angelegenheit verlief nach zweijähriger Werbung im Sande. Im 30. Lebensjahr schon befand sich Ludwig, als ihm Prinzessin Charlotte Sophie, Tochter des regierenden Herzogs von Coburg-Saalfeld, am 25. April 1755 ihr Jawort fürs Leben gab. Ein gutes Jahr danach entsproß der Ehe ein Knabe. Der Jubel kannte keine Grenzen: der Erbprinz war endlich geboren. Ludwig starb 53jährig, am 12. September 1778, noch vor dem älteren regierenden Bruder. In der Nikolaikirche zu Schwerin wurde er beigesetzt.

Mit der Darstellung des Prinzen Ludwig von Mecklenburg-Schwerin und dessen Gemahlin Charlotte Sophie endet die Reihe der Bilder in der Ahnengalerie. Ludwig war der letzte der regierenden oder stammerhaltenden Herzöge. Sein Sohn Friedrich Franz I. übernahm nach dem Tode Friedrichs des Frommen die Regierung des Landes. 1815 wurde er zum Großherzog erhoben.

Friedrich Franz (der spätere 1. Großherzog) zu Mecklenburg
und sein Gouverneur von Usedom,
Georg David Matthieu, 1767

Stammtafel des mecklenburgischen Herzogshauses

- Albrecht II. (1318–1379)
  - Albrecht III. (gest. 1412)
    - Albrecht V. (gest. 1423)
  - Magnus I. (gest. 1384)
    - Johann IV. (gest. 1422)
      - Heinrich IV. (1417–1477)
        - Magnus II. (gest. 1503)
          - Heinrich V. (1479–1552)
          - Albrecht VII. (1488–1547)
            - Johann Albrecht I. (1525–1576)
              - Johann VII. (1558–1592)
                - Adolf Friedrich (1588–1658)
                  - Christian (Louis) I. (1623–1692)
                  - Friedrich (1638–1688)
                    - Friedrich Wilhelm (1675–1713)
                    - Karl Leopold (1678–1747)
                    - Christian Ludwig II. (1683–1756)
                      - Friedrich (1717–1785)
                        - Friedrich Franz I., erster Großherzog von Mecklenburg-Schwerin (1756–1837)
                      - Ludwig (1725–1778)
            - Ulrich III. (1527–1603)
            - Karl I. (1540–1610)

Anmerkungen

[1]) Der mecklenburgische Gelehrte war einer der hervorragenden Historiker Deutschlands im 19. Jahrhundert, u. a. Mitbegründer des Dreiperiodensystems (Unterscheidung der geschichtlichen Stufen nach den Werkstoffen, Stein-, Bronze-, Eisenzeit), Mitglied zahlreicher nationaler und internationaler Akademien und wissenschaftlicher Gesellschaften.

[2]) Theodor Fischer war der Sohn des Malers, Bildhauers, Elfenbeinschnitzers und Lithographen Louis Francois Poisson, Marquis de Marigny (1784 in Paris geboren, 1845 in Schwerin gestorben), der als Offizier der Napoleonischen Armee 1806/07 nach Deutschland gekommen und dort geblieben war. Nach einem Kunststudium an der Akademie in Dresden und kurzem Aufenthalt in Oberschlesien lebte Fischer bis zu seinem Tode in Schwerin. 23 seiner Gemälde befinden sich im Besitz des Staatlichen Museums Schwerin. Innerhalb der ersten zwei Jahre nach Übernahme des Auftrags waren sechs ganzfigurige Kopien und sieben Gemälde durch ihn fertiggestellt und das vereinbarte Honorar dafür an ihn überwiesen worden. 100 Taler für eine Kopie, 50 Taler für restauratorische Arbeiten größeren Umfangs und 10 Taler für geringfügigere Restaurierungsarbeiten.

[3]) Die Redewendung „auf großem Fuße leben“ führt auf diese Mode zurück. Durch die Länge der Schuhspitze wurden Reichtum und Stand des Trägers offenbart. Es war genau festgelegt, auf welch großem Fuße man sich bewegen durfte. Einfache Leute konnten den Schuh um die Hälfte verlängern, reiche Bürger um einen ganzen Fuß, Ritter auf das Eineinhalbfache und der höhere Adel um das Zweifache, Prinzen und Fürsten gar auf das Dreifache.

[4]) Diese war nach dem Tod ihres ersten Bräutigams ins Kloster gegangen, hatte also das Gelübde ewiger Keuschheit abgelegt. Magnus aber wollte unbedingt durch die Heirat die Grenze zu Pommern sichern. Also ehelichte er Sophie entgegen den kirchlichen Gesetzen. Und statt des Kirchenbanns, wie sein Großvater, erhielt er vom Papst die Goldene Tugendrose, die höchste kirchliche Auszeichnung.

[5]) Lisch hatte bei seinen Forschungen in der Gemäldegalerie in Gotha ein Werk aus der Schule Lucas Cranachs d.Ä. entdeckt, das vielleicht schon zur Zeit des Herzogs gemalt wurde. Es stammt von Jost Stettner (Lucas-Cranach-Kreis). Wahrscheinlich ist es wiederum eine Kopie einer Arbeit Lucas Cranachs. Stettners Bild wurde ein Jahr vor Fischers Arbeit von H. Buttstaed kopiert. Fischer selbst fertigte wiederum eine Kopie an. So entstand eine Kopie der Kopie einer Kopie.

[6]) Diese wiederum ist eine Kopie eines Gemäldes von Cornelius Crommeny (geb. in Niederlanden, gest. nach 1598, seit 1576 Hofmaler des Herzogs Ulrich von Mecklenburg-Güstrow).

[7]) Die Arbeiten leitete Johann Baptista Parr aus der berühmten Mailänder Architektenfamilie. Franz Parr leitete den Bau des prächtigen Renaissanceschlosses in Güstrow.

[8]) Die Landesfürsten mußten nun bei vielen ihrer Vorhaben erst um die Zustimmung der Stände bitten. So sprachen sich z. B. die Stände gegen die Errichtung einer Regierungsbibliothek aus. Der Herzog möge sich die Bücher selbst kaufen, die er lesen wolle, war ihre Auffassung.

[9]) Das aber konnte selbst bei seinen Enkeln noch nicht durchgesetzt werden.

[10]) „Die Bilder waren über alle Begriffe hart mitgenommen“, berichtet Lisch. „Sie waren in Chorhöhe angebracht, und ohne die mindeste Rücksicht hatte man auf die unbarmherzigste Weise rohe Latten und Bretter auf die Bilder genagelt, die Bilder zum Theil mutwillig zerissen, zum Theil abgescheuert.“ Über das Bild Anna Sophies schrieb er: „Es war von der Backe senkrecht herunter ein ganzes Stück rausgerissen, so daß ein Theil der Backe und der Kinnlade, eine Schulter, ein Arm und ein Theil des Gewandes ganz fehlte; das Uebrige war aber sehr gut erhalten.“ Theodor Fischer hat die fehlenden Teile ergänzt und „die Restaurierung mit großer Treue und Geschicklichkeit ausgeführt.“ Fischer restaurierte die zerstörte, damals über 300 Jahre alte Leinwand tatsächlich so kunstvoll, daß selbst bei näherem Betrachten des Gemäldes mit der Lupe Nahtstellen kaum sichtbar sind.

[11]) Ganze Abhandlungen gab es zu dieser Zeit, die sich gegen den übermäßigen Stoffverbrauch wandten. Besonders die Braguette (Schambeutel, Hosenlatz) wurden zum Gegenstand moralischer Entrüstung. Man warf den Herren vor, mit Hilfe dieser Kleidung die armen Mädchen verwirren zu wollen. 1555 erschien z.B. in Frankreich ein Buch mit dem Titel „Vom zerluderten und ehrverwegenen pludrichten Hosenteufel".

[12]) Schon auf der ersten Fahrt sanken ihre vollbeladenen Handelsschiffe bei Lissabon. Auch das lobenswerte Projekt, sich am Wollhandel zu beteiligen, mußte scheitern, da jeder Bauer die geforderten 20 Pfund Wolle zwar ablieferte, dafür jedoch die minderwertigste wählte, mit der auf dem Markt keine hohen Preise erzielt werden konnten.

[13]) Wahrscheinlich war Johann VII. von einer Erbkrankheit belastet. Sein Vetter Philipp litt ebenfalls an einer Nervenkrankheit. Die Tochter Johanns lebte in dem Wahn, sie sei gestorben. In Schwermut versunken, pflegte sie, Blumen für ihr Grab zu binden. In der Blüte ihres Lebens starb sie.

[14]) Der Haß der zurückgekehrten rechtmäßigen Herrscher war noch in der nächsten Generation so blindwütig, daß Gustav Adolf, der von Adolf Friedrich erzogene Neffe, selbst die Anbauten Wallensteins am Güstrower Schloß niederreißen ließ; nichts sollte an den Feldherrn erinnern.

[15]) Mit dem Porträt Christian (Louis)I. beginnt in der Ahnengalerie die Darstellung der mecklenburgischen Herzöge und ihrer Gemahlinnen in Form von Brustbildern. (Eine Ausnahme bildet das von Herzog Friedrich Wilhelm).

[16]) Seit längerem plagte ihn ein schuppiger Ausschlag, der den ganzen Körper bedeckte und ein heftiges Jucken verursachte. Die Ärzte fanden dagegen kein wirksames Mittel. Man versuchte, die Schuppen mit einem goldenen Messer abzuschaben. Diese Methode verursachte jedoch mehr Schmerzen als Linderung. Da ließ man aus Italien lebende Nattern kommen. Denen wurden die Köpfe abgekniffen, und das frische Blut und Herz der Schlangen mußte der Herzog nun zu sich nehmen. Diese „Medizin" war zwar schmerzlos, aber . . . Auch der Tatbestand, daß ein goldener Löffel dabei benutzt wurde, wird Christian die Prozedur, gegen die er sich bis zuletzt sträubte, nicht erleichtert haben.

[17]) Auch der Plan, Mecklenburg gegen das Herzogtum Cleve zu vertauschen, ist nicht, wie von einigen Geschichtsschreibern angenommen, Christians Idee, sondern entsprang dem Köpfchen seiner Gemahlin, die allerdings von Paris aus dazu angeregt worden sein soll. Das Vorhaben scheiterte, und der Wunsch Isabelles, nahe der französischen Grenze als Herzogin zu residieren, blieb unerfüllt.

[18]) Lisch schreibt sie Quimper (de Quimper, auch de Quitter) zu.

[19]) Der Bruder Johann Georg, der nach Christian Louis der Thronerbe geworden wäre, starb gerade in jenem Jahr, in dem er nach seiner Eheschließung auch Erben hätte zeugen können. Man hatte ihm statt Medizin – versehentlich, wird gesagt – Gift gereicht.

[20]) Fast die Hälfte der Fläche des Landes bewirtschafteten die Ritter, die beiden Herzöge von Mecklenburg-Schwerin und Strelitz besaßen zusammen kaum mehr als ein Drittel.

[21]) Ein Gelehrter schätzte seinerzeit in einem Gutachten ein: „Im Ganzen Reiche gibt es keine elendere und unpassendere Stadt, wohin versetzt zu werden mir nicht anders als eine Verbannung erscheint." Der Ort hatte gerade mal 1000 Einwohner, die Verwüstungen des Stadtbrandes von 1716 waren noch nicht beseitigt, viele Bürger verarmt. Es gab keine ausreichenden Gebäude für die Universität, nur wenige Instrumente für die einzelnen Fakultäten. Zwischen 1763 und 1788 wurden selten mehr als 30 Studenten im Jahr immatrikuliert, in der medizinischen Fakultät in manchem Semester gar keiner. Hervorragende Gelehrte hielten es aber auch nicht oder nicht lange aus, wie Johann Nikolaus Tetens, ein Psychologe von europäischem Format. Andere wurden fortgejagt, wie Johann Erich Biester, Anhänger des Naturrechts und später einer der führenden Männer der Berliner Aufklärung.

[22]) So sollen zum Beispiel kartenspielende Wachen, sobald der Herzog nahte, die immer zur Hand liegenden Gesangsbücher hervorgeholt und laut fromme Lieder angestimmt haben.

Quellen- und Literaturverzeichnis (Auswahl)

Allgemeine Deutsche Biographie (Artikel zu den genannten Herzögen). 56 Bd.e. Leipzig: Duncker & Humblot 1875 ff. –
Archiv für Landeskunde in den Großherzogtümern Mecklenburg und Revue der Landwirtschaft. Jg. 1857. Schwerin: Sandmeyer 1857. –
Boll, E.: Geschichte Mecklenburgs. Zwei Teile. Neubrandenburg: Selbstverlag 1855–1856. –
Ebert, M.: Renaissanceschloß Güstrow. Schwerin: Staatliches Museum 1985. –
Geschichte der deutschen Länder. Würzburg 1964. –
Gloede, G.: Das Doberaner Münster. Berlin 1970. –
Der Große Brockhaus. 15., völlig neu bearb. Aufl. 21 Bd.e. Leipzig: Brockhaus 1928 ff. –
Heeß, W.: Geschichtliche Bibliographie von Mecklenburg. 3 Teile. Rostock: Hinstorff 1944. –
Jahrbücher des Vereins für mecklenburgische Geschichte und Altertumskunde. 1836-1940. 107 Bd.e. Schwerin: Bärensprung. –
Jesse, W.: Geschichte der Stadt Schwerin. 2 Bde. Schwerin: Davids 1911/13. –
Jung, K.-.M.: Weltgeschichte in einem Griff. Ullstein 1985. –
Koch, W.: Ein Schwedenkönig aus Mecklenburg. Berlin/Dresden: Limpert 1934. –
Lorenz, A.F.: Der Dom zu Schwerin. In: Das christliche Denkmal, Heft 9. Berlin: Union 1954. –
Lützow, K.F.v.: Versuch einer pragmatischen Geschichte von Mecklenburg. 3 Teile. Berlin: Reimer 1827–1835. –
Mecklenburgische Geschichte in Einzeldarstellungen. Bd. 2-10. Berlin: Süsserott 1901–1907. –
Mecklenburgische Urkunden und Daten. Hrsg. von M. Sachse. Rostock: 1900. –
Nugent,T.: Unterhaltsame Reise durch Mecklenburg. Hrsg. von H. Stoll, Wismar: Hinstorff o.J.
Pagel, K.: Mecklenburg. Göttingen: Vandenhoeck & Ruprecht 1969. –
Pentz, A.v.: Erzählungen aus der mecklenburgischen Geschichte. Wismar, Rostock, Ludwigslust: Hinstorff 1880. –

Prosch, E., A. Stüler u. H. Willebrand: Das Schloß zu Schwerin. Berlin: Ernst u. Korn 1869. –
Raabe, W.: Abriß der mecklenburgischen Geschichte von der ältesten bis auf die neueste Zeit. In: Mecklenburgische Vaterlandskunde. Dritter Bd. Wismar: Hinstorff 1895. –
Schirrmacher, F.W.: Johann Albrecht I. Herzog von Mecklenburg. 2 Teile. Wismar: Hinstorff 1885. –
Schlie, F.: Die Kunst- und Geschichtsdenkmäler des Großherzogtums Mecklenburg-Schwerin. 5 Bd.e. Schwerin: Bärensprung 1896–1902. –
Schmaltz, K.: Kirchengeschichte Mecklenburgs. 2 Bd.e. Schwerin: Bahn 1935/1936. –
Schnell, H.: Heinrich V. der Friedfertige, Herzog von Mecklenburg 1503–1552. In: Schriften des Vereins für Reformationsgeschichte. Bd. 19. Halle 1902. –
Schröder, K.: Mecklenburg und die Mecklenburger in der schönen Literatur. Berlin: Süsserott 1909. –
Stein, W.: Kulturfahrplan. Verb. u. erw. Gesamtausgabe. Berlin und Darmstadt: deutsche Buchgemeinschaft o.J. –
Vitense, O: Geschichte von Mecklenburg. Gotha: Perthes 1920. –
Wigger, F.: Stammtafel des Großherzoglichen Hauses von Mecklenburg. In: Festschrift zur Feier der 50jährigen Wirksamkeit des Vereins für Mecklenburgische Geschichte. Schwerin 1885. –
Wicke, Peter: Versuche zur Errichtung des Absolutismus in Mecklenburg. Berlin: Akademie-Verlag 1964. –
Witte, H.: Mecklenburgische Geschichte. 2 Bde.e. Wismar: Hinstorff 1909/1911. –
Wundemann. J.C.F.: Mecklenburg in Hinsicht auf Kultur, Kunst und Geschmack. Wismar: Bödner 1800/1803. –

Weitere Quellen und Titel zu Einzelpersonen und zu den einzelnen Herzögen sind hier nicht genannt.

Archivalien des Mecklenburgischen Landeshauptarchivs, der Mecklenburgischen Landesbibliothek und des Staatlichen Museums Schwerin.

Autoren

Erika Borchardt, Dipl.- Kulturwissenschaftlerin, Jg. 1944. Studium der Pädagogik, Psychologie, Kulturwissenschaft und Kunstgeschichte. Wissenschaftliche Mitarbeiterin im Schweriner Schloß. Beschäftigt sich schon seit Jahren mit der Genealogie des mecklenburgischen Fürstenhauses. Veröffentlichungen zur mecklenburgischen Kulturgeschichte.

Jürgen Borchardt, Diplom-Germanist, Jg. 1944. Studium der Germanistik, Anglistik und Philosphie, Dr. phil., Wissenschaftlicher Mitarbeiter an der Mecklenburgischen Landesbibliothek Schwerin. Forschungsarbeiten und Publikationen zur mecklenburgischen Literatur und Geschichte. Leitung der populärwissenschaftlichen Leseheftreihe „Kiek in. Literatur in Mecklenburg und Vorpommern."

SCHWERINER SCHLOSS

Der Stadt Schwerin und
seinem Schloß sind wir als
Namensträger auf das engste
verbunden; somit auch der
Geschichte und gewachsenen
Tradition des ganzen Landes
Mecklenburg-Vorpommern
mit seinen vielfältigen
Beziehungen zu seinen
Nachbarn, besonders auch
nach Dänemark und Schweden.
Unseren Namen verstehen wir
daher als Verpflichtung zu
höchstem Anspruch, den wir an
unsere Erzeugnisse stellen.

Zum Guten
Rufe von Stadt
und Land.

SCHWERINER
ANNO SCHLOSSBRAUEREI 1857

Im Demmler-Verlag bisher erschienen:

Rolf Reinicke

RÜGEN
STRAND & STEINE

Mit Fotos von Rolf Reinicke
80 S., 40 s/w-, 7 Farbfotos, Titelblatt farbig
14,80 DM, ISBN 3-910150-02-0

Im Mittelpunkt dieses kleinen Buches steht die reizvolle Kreideküste von Rügen. Auf populäre Weise beschreibt der Autor Fundorte und Fundmöglichkeiten sowie das Sammeln und Bestimmen von Versteinerungen (Fossilien) auf der Insel Rügen und der Insel Hiddensee. Das Buch ist nicht nur ein geologischer Streifzug durch die Insel Rügen, sondern bringt dem Leser auch die landschaftlichen Besonderheiten und Schönheiten dieser größten Insel Deutschlands näher.
Ein Buch nicht nur für Gesteinesammler, sondern für alle, die an der Natur und insbesondere an Rügen interessiert sind.

Anni und Herbert Ewe

STRALSUND UND UMGEBUNG
Ein Reiseführer

Mit Fotos von Günter Ewald und Rolf Reinicke
160 S., 56 s/w-, 12 Farbfotos, Titelblatt farbig
19,80 DM, ISBN 3-910150-03-9

Dieses Buch ist ein sachkundiger Reise- und Wegbegleiter durch die interessante, an Kultur- und Kunstschätzen so reichhaltige Hansestadt Stralsund und Umgebung. Hinweise über Ausflüge in die nähere und weitere Umgebung wie auf die Insel Rügen und Hiddensee, zahlreiche Informationen sowie Kartenmaterial geben dem Besucher und Touristen gute Orientierungshilfen und Anregungen zum Kennenlernen dieser altehrwürdigen Stadt und ihrem Umland.

Heinz Lehmann

RÜGEN

Von Arkona – Zudar

Mit Fotos von Günter Ewald und Rolf Reinicke
136 S., 38 s/w-Fotos, Titelblatt farbig, 14,80 DM
ISBN 3-910150-04-7

In alphabetischer Reihenfolge stellt der Autor die landschaftlich und kulturgeschichtlich interessante Insel Rügen vor. Land und Leute werden dem Leser nähergebracht. Es ist nicht nur ein kleines Nachschlagewerk, sondern zugleich Unterhaltungslektüre für Besucher, Touristen und auch für Einheimische sowie für alle, die Rügen lieben.

RÜGEN
SAGEN UND GESCHICHTEN

Ausgewählt und herausgegeben von Heinz Lehmann
Mit Fotos von Günter Ewald und Rolf Reinicke
104 S., 28 s/w-Fotos, 12,80 DM
ISBN 3-910150-01-2

Das Büchlein enthält eine Auswahl von Sagen und Geschichten der Insel Rügen und Hiddensee wie z. B. Sagen vom Königsstuhl, Burgwallsagen oder die bekannte Hertasage und die von dem legendären Klaus Störtebeker. Auch von den Schätzen des Klosters Hiddensee wie von den Unterirdischen von Vitte erfährt der Leser. In gut lesbarer Form wird ein Stück Kulturgeschichte dieser Ostseeinseln vermittelt. Eine unterhaltsame und zugleich vermittelnde Lektüre zum Kennenlernen von Land und Leuten.

WAPPEN

Mecklenburg-Vorpommerns

Postkarten nach historischen Vorlagen in Zusammenarbeit mit dem Mecklenburgischen Landeshauptarchiv.
Gestaltung: Heinz Kippnick
Text: Karl-Heinz Steinbruch

MUSEUMSFÜHRER MECKLENBURG-VORPOMMERN

Wolf Karge, Klaus Kartowitsch, Ursela Schmidt
Herausgegeben vom Museumsverband in Mecklenburg-Vorpommern e. V.

197 S., 42 Farbfotos, 82 s/w-Fotos, Titelblatt farbig,
Preis: 19,80 DM
ISBN 3-910150-05-5

Erstmals liegt mit diesem Buch ein Führer durch alle Museen, Heimatstuben und Gedenkstätten von Mecklenburg-Vorpommern vor. Rund 100 an der Zahl sind es, die sachkundig, informativ und zugleich unterhaltsam mit ihren Ausstellungen und Sammlungen vorgestellt werden. Eine Darstellung zur Geschichte des Museumswesens gibt zugleich Einblick in die Entwicklung der Museenlandschaft in Mecklenburg-Vorpommern vom Ausgang des 18. Jahrhunderts bis zur Gegenwart. Verkehrstechnische Hinweise erleichtern das Auffinden der Museen.

Margot Krempien

Schweriner Schloßbaumeister G. A. DEMMLER (1804–1886) Eine Biographie

128 S., 13 Farbfotos, 62 s/w-Fotos und Lithographien, Titelblatt farbig
ISBN 3-910150-06-3

Touristen und Besucher der Stadt Schwerin stoßen immer wieder auf seinen Namen. Georg Adolph Demmler, bekannt und berühmt geworden vor allem als Baumeister des Schweriner Schlosses, war mehr als nur Baumeister in Mecklenburg, sondern er ist weit über die Grenzen seines Heimatlandes durch sein politisches Wirken geachtet worden. In diesem Buch wird der Lebensweg dieser interessanten Persönlichkeit des 19. Jahrhunderts nachgezeichnet.

In Vorbereitung:

Jürgen Borchert
150 SCHWERINER
Persönlichkeiten aus der Kulturgeschichte

Der Schweriner Autor, Jürgen Borchert, bekannt vor allem durch seine „Mecklenburgischen Zettelkästen“, stellt in diesem Buch in alphabetischer Reihenfolge Schweriner Persönlichkeiten vor, die sich um die Kulturgeschichte der Stadt wohl verdient gemacht haben. Da erscheinen Namen wie Achilles, Basedow, Berwald, Clauberg, Davids, Demmler, Ehmig, Engel, Flemming, von Flotow, Hennemann, Hinrichs, Kücken, Malchin, Reuter, von Schack, Schloepke, Seidel, Tarnow, Wachenhusen, Wossidlo u. v. a. m.
Ein sachlicher und dennoch unterhaltsamer kleiner Wegweiser durch einige Jahrhunderte Kulturgeschichte Schwerins.

Klaus-Henning Schroeder
DAVIDS' ENKEL
Eine Jugend in Schwerin

Ludwig Davids Enkel zeichnet einfühlsam und unterhaltsam den Lebensweg seines Großvaters, seiner Eltern und seine eigene Jugend in Schwerin nach.
Sein Großvater war ein bekannter Schweriner Buchhändler im 19. Jahrhundert, der im Demmler-Haus die Buchhandlung führte und Bücher Rudolf Tarnows verlegte.
Da werden alte Straßenzüge, zum Schweriner Stadtbild gehörende manchmal einmalige Persönlichkeiten, – da wird das Leben Schwerins um 1900 bis in die 40er und 50er Jahre wieder lebendig.
Lebendige Zeitgeschichte in Wort und Bild dokumentiert – aber nicht nur Schweriner Geschichte, sondern die Davids' und die Schroeders als Familiengeschichte und als Schicksal einer ganzen Generation.
Davids' Enkel entschloß sich, 1955 die damalige DDR zu verlassen.